BÜZZ

© 2024, Hendel Favarin e Josef Rubin
© 2024, Buzz Editora

Todos os direitos reservados.

Publisher **Anderson Cavalcante**
Coordenadora editorial **Diana Szylit**
Editor-assistente **Nestor Turano Jr.**
Analista editorial **Érika Tamashiro**
Preparação **Cristiane Maruyama**
Revisão **Letícia Nakamura e Aline Graça**
Projeto gráfico **Estúdio Grifo**
Assistente de design **Júlia França**
Design de capa **Cazé Grabias e Fábio Maceno**
Imagens **Isabella Ribeiro, Felipe dos Santos,
Amanda Muniz Santos e Ariadne Grabowski**

*Nesta edição, respeitou-se o novo
Acordo Ortográfico da Língua Portuguesa.*

Dados Internacionais de Catalogação na Publicação (CIP)
Câmara Brasileira do Livro, SP, Brasil

Favarin, Hendel
*Ou Vai, Ou Voa: Sete princípios para guiar sua
carreira / Hendel Favarin, Josef Rubin*
São Paulo: Buzz Editora, 2024, 1ª ed.
256 pp.
ISBN 978-65-5393-291-3

1. Economia 2. Empreendedorismo 3. Gestão de negócios 4.
Sucesso profissional I. Rubin, Josef.
II. Título.

24-189901	CDD-658.421

Elaborado por Eliane de Freitas Leite   CRB 8/8415

Índice para catálogo sistemático:
1. Empreendedorismo : Administração de empresas
650.13

Todos os direitos reservados à:
Buzz Editora Ltda.
Av. Paulista, 726, Mezanino
CEP 01310-100, São Paulo, SP
(55 11) 4171 2317
www.buzzeditora.com.br

HENDEL FAVARIN E JOSEF RUBIN

OU VAI, OU' VOA

7 PRINCÍPIOS PARA GUIAR SUA CARREIRA

9 **Carta ao leitor**
15 **Prefácio: Empreendendo fora da caixa**
por Flávio Augusto

Parte 1

21 **Capítulo 1: O jogo mudou e
não recebemos as novas regras**

29 **Capítulo 2: A síndrome de Tom & Jerry**

47 **Capítulo 3: Como tudo começou**

Parte 2

69 **Princípio n. 1:**
Salto baixo, peito aberto e ouvido atento

89 **Princípio n. 2:**
Entenda tudo sobre pessoas — e sobre quem está
do outro lado do espelho também

115 **Princípio n. 3:**
A excelência é vizinha do propósito

141 Princípio n. 4:
É preciso ter coragem para tomar decisões
difíceis — e uma metodologia também

159 Princípio n. 5:
Nenhum jogador é tão bom quanto todos juntos

185 Princípio n. 6:
Nada substitui o GPS

209 Princípio n. 7:
Deixe o mapa de lado e foque no terreno

243 Rumo a um horizonte de grandes voos
249 Notas

Dedicamos este livro a você, que quer mais. Que não se contenta com o médio. Que busca todos os dias sua melhor versão. Que sabe que há algo maior te esperando.

Dedicamos este livro a você, que já foi subestimado e desacreditado, mas que está disposto a quebrar os padrões e a perseverar para atingir o seu próximo nível.

Dedicamos este livro a você, que continua apesar do medo, das incertezas ou das frustrações. Que entende que aquilo que não te desafia, não te transforma.

Dedicamos este livro a todos que perceberam que o ensino tradicional não ensinou tudo o que deveríamos aprender para chegar ao topo.

Dedicamos este livro ao ensino tradicional, que, graças aos seus gaps, nos acendeu uma chama que já não se apaga mais. Que nos estimulou a criar a Conquer Business School em 2016 para ensinar tudo aquilo que alguém precisa dominar para voar na carreira.

Dedicamos este livro a você, que não deixa suas memórias serem maior do que seus sonhos. Que este livro seja um ponto de inflexão em sua carreira.

Por fim, dedicamos este livro a você, que se sente um triângulo em meio a tanta gente quadrada.

Carta ao leitor

Você aceitaria largar uma carreira bem-sucedida em uma das maiores empresas do mundo? Uma carreira certa, promissora e com um salário difícil de encontrar no mercado de trabalho? Trocar um bom emprego, em uma companhia dona de uma das marcas mais valiosas do mundo, em um escritório extremamente aconchegante, com uma das melhores vistas da cidade, com viagens e excelentes hospedagens pagas, para iniciar uma carreira empreendedora cuja principal função era vender um aplicativo para restaurantes no porta a porta, na rua, das oito da manhã até às dez da noite, suando — literalmente — a camisa, fizesse chuva ou fizesse sol, ouvindo muito mais "não" do que "sim" e sendo por diversas vezes menosprezado?

Pois é, eu aceitei — para desespero de todos (inclusive, o meu próprio). Aliás, foram três grupos de desesperados. Em primeiro lugar, meus pais — em especial meu pai, o sr. Francisco, que trabalhou 45 anos dentro de uma única empresa e não via razão para eu abandonar aquela incrível oportunidade. Depois, minha esposa. Essa sofreu — e vou contar por quê: estávamos noivos na época, prestes a casar e viver felizes para sempre, mas havia algumas pedras no caminho chamadas "boletos". Era boleto para cá, boleto para lá e a garantia do dinheiro, que era boa, estava prestes a acabar. E, por fim, meus colegas de trabalho, que acompanhavam de perto minha trajetória profissional e sabiam das boas perspectivas dentro da empresa.

Desde que saí de uma das maiores consultorias do mundo, já passei mais de uma década empreendendo, e ao longo dessa trajetória posso dizer que vivi intensamente. Cometi diversos erros, superei grandes desafios, ri muito acertei quando achava que iria errar, errei quando achava que iria acertar e também tive uma das maiores e mais importantes descobertas da minha vida: nas maiores adversidades se encontram também as melhores oportunidades.

Durante todos esses anos, eu e meus sócios aprendemos que não existe a fórmula do sucesso, mas existem, sim, boas práticas, hábitos e padrões que são comuns aos profissionais de carreira e empreendedores que mais crescem e se destacam no mercado de trabalho. É sobre isso que conversaremos nas páginas deste livro. Esse conhecimento está compilado em princípios, em um total de sete. São sete princípios que vão servir como um guia de carreira para você. E por que princípios? Porque princípios são verdades fundamentais que servem como guia para nossas ações. E tudo isso pode ser aplicado na sua vida, seja como empreendedor, seja como profissional de carreira.

As descobertas que fizemos se mostraram tão fortes e relevantes que, não à toa, em poucos anos de vida a Conquer já se tornou uma das escolas de negócios mais respeitadas e desejadas do país, superando a marca de 500 milhões de reais em faturamento e 5 milhões de alunos — distribuídos em mais de 110 países.

Todo esse rápido crescimento nos fez entrar em uma seleta lista das cem marcas mais lembradas pelos brasileiros em tempos de pandemia — sendo a única marca de educação e a marca mais jovem da lista (na época, com três anos e meio de vida), ficando apenas duas posições atrás da Apple. Ainda, fez com que eu tivesse a honra e o privilégio de ter sido selecionado para compor em 2020 a exclusiva lista Forbes 30 Under 30, reservada aos jovens que mais estão se destacando no país, e em 2023 selecionado como um dos jovens mais inovadores do país pela maior referência global em tecnologia e inovação: a Innovators Under 35, da *MIT Technology Review*. Além disso, como também recebeu meu sócio, o Josef, uma homenagem no prêmio Empreendedor do Ano da Ernst & Young — o Oscar do empreendedorismo brasileiro.

Com base em tudo que aprendemos, seja por meio das aulas da Conquer, dos treinamentos corporativos, da experiência de grandes profissionais que temos o privilégio de ter à nossa volta, bem como da nossa própria história pessoal, mostraremos neste livro que, independentemente de qual for a sua insatisfação ou situação profissional, você pode sim sair do ponto em que se encontra e avançar com passos firmes em direção aos seus maiores objetivos e sonhos.

Como aproveitar melhor este livro

Existe um conceito na educação que fala da diferença entre conhecimento e aprendizado. Conhecimento é ter acesso a uma informação. Já o aprendizado é colocar a informação em prática — seja errando ou acertando.

Neste livro, assim como na metodologia da Conquer, trazemos lições práticas e dicas de como aplicar os sete princípios que nos norteiam e tudo aquilo que estamos ensinando. Por qual motivo? Justamente para transformar o novo conhecimento, ao qual você está tendo acesso, em real aprendizado. Resultados na veia.

Por isso, ao longo da sua leitura, sempre que tiver um insight, anote — e busque colocar esse insight em prática no menor tempo possível. Dessa forma, tenho certeza de que sua taxa de aprendizado — e de resultados com este livro — será ainda maior.

Inclusive, em muitos momentos do livro, você vai encontrar a chamada #PuloDoGato. Sempre que encontrar essa chamada, significa que eu e o Josef compartilharemos com você diagnósticos, ferramentas, frameworks e dicas práticas sobre o tema abordado.

Como está evidente na capa, escrevi este livro com o meu sócio, o Josef, por isso em alguns momentos ele compartilhará a riqueza da sua experiência mediante blocos de insights chamados Box do Josef, como o do exemplo a seguir.

BOX DO JOSEF

Prazer em falar com você por aqui e compartilhar, ao lado do Hendel, os bastidores da nossa história. E, para começar, você imagina por que nosso livro se chama *Ou Vai, Ou Voa*?

Vou contar para você. "Ou Vai, Ou Voa" é muito mais do que uma campanha de marketing que fizemos e que conquistou todos os nossos alunos e colaboradores. É muito mais do que dezenas de tatuagens que vimos pessoas fazendo — acredite, é sério. É muito mais do que uma expressão, é um grande movimento. É um estilo de vida. É um grito de guerra. É ir além.

É entender que intenção não vale nada sem ação. É compreender genuinamente que o sonho é uma realidade que a gente ainda não alcançou. Justamente por isso, mais importante do que ter ideias malucas, é ser maluco o suficiente para executá-las.

Sim... "Ou vai, Ou voa" é aquele momento da vida em que a gente tem duas opções: fazer dar certo ou mais certo ainda.

Por tudo isso, no que diz respeito à evolução pessoal e profissional necessária para a realização dos seus sonhos, você deve considerar apenas uma única opção: Ou Vai, Ou Voa.

Ah, e essa nossa expressão virou até música, tamanho o sucesso dela. Então, se quer entrar ainda mais no clima do nosso livro, não deixe de escanear o QR Code abaixo e curtir a nossa música como trilha sonora dessa jornada.

Segure firme na cadeira.

Você está prestes a iniciar um caminho sem volta.

Hendel Favarin e Josef Rubin
@hondelfavarin | @josefrubin | @escolaconquer

Trilha sonora.

Prefácio
Empreendendo fora da caixa

Flávio Augusto
CEO da Wiser Educação

Não é segredo para ninguém que sou um grande incentivador do empreendedorismo. E acredito que, com boas ideias, dedicação, esforço e, claro, a mente no lugar certo, qualquer um pode se tornar um empreendedor de sucesso.

Também sei que a jornada nem sempre é fácil — aliás, quase nunca é —, e, por isso, muita gente desiste sem nem ter começado. Notícias e relatos de conhecidos podem ser bastante desmotivadores, especialmente para os jovens, que muitas vezes deixam de lado ideias valiosas por não confiarem no próprio potencial ou por acreditarem na falsa ideia de que "empreender no Brasil nunca dá certo".

Felizmente, esse não foi o caso dos dois jovens autores desta belíssima obra, Hendel Favarin e Josef Rubin, os fundadores da Conquer, empresa responsável por uma das maiores revoluções no mercado de trabalho da atualidade, com impacto em mais de 5 milhões de alunos.

A jornada de Hendel e de Josef torna-se ainda mais especial para mim quando penso que as ideias que eu promovo contribuíram com os insights que fazem parte do DNA da Conquer, algo que me enche de orgulho. Enquanto acompanhavam os conteúdos que publico no Geração de Valor, eles leram um de meus artigos em que eu fazia uma crítica a instituições de ensino brasileiras, públicas e privadas, que falhavam em sua missão de formar cidadãos ou bons profissionais para o mercado de trabalho. Ora, quantos não são os casos de pessoas que passam dez, quinze anos estudando e, quando se formam, não conhecem o básico de matemática, português, ciências? O que dirá, então, de oratória, finanças pessoais, liderança? Esse cenário é tão comum que não se pode culpar o aluno! O que faltam — aliás, faltavam! — são instituições eficientes em ensinar aos alunos, sejam eles jovens ou mais velhos, o que de fato precisam aprender para se tornar profissionais de excelência.

Com essa visão, Hendel e Josef notaram que havia uma demanda importante na educação do país, e que eles poderiam atender a essa falta das instituições de ensino.

E não é que deu muito certo?

Hendel e Josef transformaram a Conquer numa potência, o que chamou a atenção da Wiser Educação em 2021, quando eles receberam um aporte milionário da Wiser e se tornaram sócios da holding. De lá para cá, a Conquer cresceu ainda mais e se tornou uma grande referência no universo de educação no Brasil, e já ultrapassou fronteiras, com alunos em mais de cem países.

E como se não bastasse criar uma empresa de sucesso, os dois debruçaram-se sobre um desdobramento do próprio negócio: um livro que mostra, em muitos detalhes, tudo aquilo que possibilitou a eles tornarem-se o grande sucesso que são hoje. Foram batalhas e contratempos superados, muito esforço envolvido, vários momentos de resiliência, grandes ajustes no processo... E tudo isso, como ficará claro nesta leitura, valeu cada gota de suor!

Desejo que as páginas que seguem sirvam de inspiração para você, não só como empreendedor, mas como ser humano. Os valores que Hendel e Josef ensinam aqui não são virtudes reservadas a poucos, mas características primordiais para uma carreira de sucesso.

Como eles sempre dizem: não seja quadrado, seja triângulo.

Boa leitura!

PARTE 1

Capítulo 1
O jogo mudou e não recebemos as novas regras

As gerações e o mercado de trabalho

Meu pai, o sr. Francisco, foi o maior exemplo pessoal e profissional que tive. Ele nasceu e foi criado em um bairro pobre de Santo André, região que faz parte da Grande São Paulo. Seus pais, meus avós, eram muito simples, e com o salário mínimo que meu avô ganhava ele conseguia proporcionar o básico para minha avó, meu pai e meus três tios sobreviverem.

Dada a difícil realidade em que viviam, aos nove anos, meu pai já vendia sorvete e pipoca na rua para ajudar em casa. Aos onze anos foi engraxate e, aos catorze, teve seu primeiro emprego com carteira assinada como office boy. Sabe o que é mais curioso nessa história? Na mesma empresa em que meu pai entrou como office boy, meu avô era peão de fábrica. E, na mesma empresa, meu pai trabalhou por 45 anos, tornando-se, de degrau em degrau e décadas mais tarde, o diretor-geral da América Latina, reportando-se apenas ao vice-presidente global.

Meu pai mudou a própria vida, a da nossa família e a dos seus familiares graças a uma longa e, de certa forma, estável carreira em uma multinacional. E essa história não é novidade, ela se repetiu para muitas pessoas que, assim como o meu pai, começaram do zero e passaram a vida trabalhando no mesmo lugar.

A geração do meu pai ficou classicamente conhecida pelo termo "baby boomer" (ou "a geração da TV", afinal, foi nesse período que surgiram as primeiras televisões). E quem são os baby boomers? Eles nasceram entre os anos de 1950 e 1960,[1] e o termo é usado como referência aos filhos do "baby boom": o grande crescimento da natalidade ocorrido pós--Segunda Guerra Mundial. Essas pessoas cresceram em um contexto caótico, o que fez com que a estabilidade fosse seu grande sonho de consumo. Afinal de contas, as gerações anteriores viveram períodos de muita escassez, fome, instabilidade econômica, imigrações... Tudo isso em razão das duas guerras mundiais.

Dentre as características mais marcantes dos baby boomers está a valorização do crescimento na hierarquia de uma única empresa, apegando-se com firmeza ao plano de carreira. Portanto, crescimento linear e estabilidade são a representação perfeita da realização profissional dessa geração.

Para essa mesma geração, que cresceu no âmbito profissional em um contexto linear e previsível, ter concluído uma ou várias faculdades e, principalmente, as profissões escolhidas eram incríveis garantias de sucesso profissional. Elas de fato determinavam um bom emprego, uma boa carreira e um bom salário.

E por que elas eram a garantia de um bom emprego e estabilidade? Porque eram pouquíssimas as faculdades existentes e o acesso a elas era difícil. Como consequência, obter uma formação era um privilégio para poucos, ao passo que a garantia de estabilidade advinda dela era desejada por muitos.

Depois da geração dos baby boomers, veio a geração X, os nascidos entre as décadas de 1960 e 1980. Essa geração buscava o crescimento rápido na carreira e podia atingir o topo dentro de uma organização em um curto período graças à meritocracia — e não pela quantidade de experiência acumulada ao longo de anos, como na geração anterior.

O sinônimo de sucesso dessa geração, além do critério da estabilidade herdado da geração anterior, era ser jovem e rico por conta própria. Por isso, como maneira de sair na frente dos seus concorrentes e pelo valor dado pelo mercado ao conhecimento acadêmico, essa geração se apegou aos diplomas de especialização como os de pós-graduações e MBAs, pois queriam e precisavam se destacar a todo custo.

Logo depois da geração X, surgiu a geração Y ou, como também é chamada, os millennials, nascidos entre 1980 e 1995. Foi a primeira geração que chegou à fase adulta depois da virada do milênio tendo como grande propaganda o jovem que sempre usou calça jeans e camiseta básica e construiu sua fortuna quando ainda tinha apenas 23 anos sem ao menos ter se formado. O nome dele? Mark Zuckerberg — um dos fundadores do Facebook.

Para os millennials, o sucesso não tem a ver com estabilidade ou com o fato de acumular dinheiro ainda jovem, e sim em encontrar o propósito individual naquilo que fazem e aproveitar a jornada profissional. Para essa geração de jovens ansiosos que estão conectados desde cedo com o mundo digital, a pirâmide hierárquica não combina muito. Eles gostam de um relacionamento de igual para igual com outras gerações.

Por fim, veio a geração Z, que abraça os jovens nascidos entre 1996 e 2014 — o grupo mais recente a entrar no mercado de trabalho. Apesar de muitas semelhanças com a geração anterior, a principal diferença entre elas é o contato mais amplo com a tecnologia. Os millennials já eram digitais, mas a geração Z é a primeira que nasceu totalmente imersa no mundo digital e não precisou passar pela transição que os demais tiveram de enfrentar. Reflexo disso é que eles são ainda mais imediatistas e perdem interesse pela informação na mesma velocidade que a recebem.

Por outro lado, são extremamente criativos, empreendedores e de mente aberta, e o mais curioso é que a maioria deles acredita tanto que há outras formas de adquirir conhecimento que não seja pelo caminho tradicional de uma faculdade — mais ainda do que a geração anterior —, a ponto de terem se tornado conhecidos como a geração *Do It yourself* ("faça você mesmo", em tradução livre)

Bom, apesar de todas as diferenças entre cada uma das gerações, uma coisa é fato: todos ainda acreditamos, uns mais do que outros, que o ensino tradicional nos prepararia e garantiria boa parte do nosso futuro profissional.

Quer uma amostra disso? É fácil. Cada geração elegeu uma formação que certamente ditaria seu futuro. Dependendo da faculdade, você poderia estar "com a vida feita". A escolha era nítida e determinante.

Dentre as profissões mais disputadas, no início eram os médicos, advogados e engenheiros. Depois, vieram os administradores e economistas. Posteriormente, o futuro seria das pessoas que estudavam para atuar no sistema financeiro — e a elas seria entregue a chave do sucesso. Há pouco tempo, todos os vestibulandos eram aconselhados a buscar uma formação em engenharia da computação.

Mapa das gerações

	Contexto social	Contexto profissional	Comportamento
Baby Boomers 1950–1960	Nascidos depois da **Segunda Guerra Mundial**	Valoriza hierarquia, crescimento **linear e estabilidade**	Representação da **escolha profissional perfeita**
Geração X 1961–1980	Transição **política** e **valorização da meritocracia**	Crescimento de carreira rápido, **mas sem a experiência da geração anterior**	Competitividade. Apego a diplomas e especializações. **Ser rico ainda na juventude**
Geração Y ou Millennials 1981–1995	Globalização e **nascimento da internet**	Sem pirâmide hierárquica. Jornada profissional **com propósito**	Sucesso tem a ver com propósito e **não acúmulo de riqueza**
Geração Z 1996–2014	Imersão **tecnológica**	**Ingressando** no mercado de trabalho	**Imediatistas**, criativos e empreendedores

Aí, sim, estariam feitos. Bastava pegar o diploma de ouro que, a partir daí, tudo daria certo.

Seria uma maravilha se a vida fosse simples assim. Mas, como provavelmente você já deve ter percebido, a vida e o mercado de trabalho são muito mais complexos do que isso. Ou talvez tenham se tornado muito mais complexos. Afinal, o mundo mudou, e continua mudando a uma velocidade sem precedentes.

Sim, quem está vivo hoje tem o privilégio e o grande desafio de enfrentar uma mudança gigantesca. Mudança de vida, hábitos, comportamentos, consumo, carreira, gerenciamento de empresas, enfim, muitas mudanças e tudo graças à Era Digital. Entretanto, é justamente aí que mora o perigo. Ao mesmo tempo que tudo mudou à nossa volta, exatamente aquilo que deveria nos preparar para enfrentar tais mudanças foi o que não mudou.

Quando a gente olha para qualquer indústria, é fácil observar uma evolução massiva nos últimos cem anos. A nossa locomoção foi das carroças, passando por veículos a vapor, veículos movidos a combustíveis fósseis, até chegar nos atuais carros elétricos, e, possivelmente em um futuro próximo, para veículos totalmente autônomos conduzidos por inteligência artificial. O setor aeroespacial não ficou para trás, saindo de aeronaves movidas a hélice para aviões a jato e viagens comerciais espaciais.

Na comunicação, o salto foi da era do rádio e das linhas fixas de telefone para os smartphones e a velocidade da internet 5G, que mudaram a forma como interagimos e acessamos informações. O segmento da saúde conquistou uma enorme revolução. Antes restrita a diagnósticos visuais e intervenções invasivas, hoje podemos ter acesso a exames de imagem de alta definição, terapias genéticas e cirurgias robóticas. Na agricultura, a transição foi da colheita manual para a agricultura de precisão, com o uso de drones e sistemas de irrigação inteligentes que maximizam a produção e são mais sustentáveis.

Eis o resumo: toda e qualquer indústria passou por inúmeras revoluções ao longo dos últimos cem anos. No entanto, apesar dessas inovações impressionantes, um segmento parece que não mudou. E realmente não mudou ou mudou muito pouco. A verdade é que a educação parece estar congelada no tempo, ainda sendo a mesma da época da Revolução Industrial. Por quê? Porque continuam ensinando conteúdos que, na maioria das vezes, só servem para provas — e não para a vida, por intermédio de um sistema de avaliação que prioriza a memorização em detrimento da compreensão e aplicação do conhecimento.

Já não vivemos na Era Industrial. Vivemos, desde os anos 1990, na Era da Informação (ou Era Digital), caracterizada pela extrema velocidade em que a informação e o conhecimento se propagam, sempre surgindo um novo dado para derrubar uma velha certeza, além de uma nova tecnologia capaz de alterar o status quo.

Com tudo isso, as rotas utilizadas no passado, em que os diplomas tradicionais eram os melhores veículos para se chegar ao destino do sucesso profissional, deixaram de proporcionar ao passageiro a tranquilidade e a segurança de uma boa viagem.

Não por acaso, hoje em dia, há uma enorme quantidade de profissionais que, com razão, se sentem perdidos, desorientados ou insatisfeitos com o rumo (ou velocidade) das suas próprias carreiras.

Capítulo 2
A síndrome de Tom & Jerry

A trilogia, ou as três tragédias

Você acredita que a faculdade, a pós e/ou o MBA que você fez e que exigiram um altíssimo investimento de tempo e dinheiro valeram a pena? Calma. Pare e pense na pergunta que eu acabei de lhe fazer. Volte para ela. Você acredita que elas o prepararam para enfrentar os reais desafios do mercado de trabalho?

Vamos lá, vou tentar ser mais específico: elas o ensinaram a liderar? A trabalhar de forma inovadora? A saber lidar com a pressão e o estresse da rotina de trabalho? A ser um profissional mais produtivo? A trabalhar com pessoas? A demitir? A pedir aumento? A ser um bom gestor de projetos e saber se comunicar de maneira mais assertiva? A negociar e ser mais influente? Salvo algumas raras (ou raríssimas) exceções, a resposta para tudo é *não* — apesar de tudo isso ser o dia a dia da maioria das pessoas no mercado de trabalho.

Vou além. O ensino tradicional não nos ajudou também a escolher a carreira que trilharíamos, não nos ajudou a identificar os nossos pontos fortes e fracos, não nos ajudou no momento que nos questionamos se estávamos no caminho certo profissional ou até mesmo se estávamos trilhando esse caminho do melhor jeito possível.

Portanto, a faculdade, a pós ou o MBA tradicional não nos ajudaram (e continuam não ajudando) a enfrentar o que eu chamo de "síndrome de Tom & Jerry". E que síndrome é essa, você deve estar se perguntando. É uma das síndromes mais comuns do ambiente profissional. Diria que dez a cada dez profissionais já enfrentaram ou enfrentam esse problema. Ou, para ser mais realista: 99,9% das pessoas. Inclusive, eu mesmo já tive essa síndrome. Sofri muito com ela, superei-a e, sem dúvidas, ela foi um grande motivador para que você e eu nos encontrássemos por aqui.

Em poucas palavras, a síndrome de Tom & Jerry engloba três grandes dores (ou desafios) que todo profissional enfrenta do início da carreira e, infelizmente, para muitas pessoas, é algo a ser enfrentado até o final da vida. Quais são essas dores? De forma bem resumida, as três dores são: *sentir-se perdido, estagnado ou despreparado profissionalmente.*

Você pode sentir uma das três, duas delas combinadas ou até mesmo as três dores ao mesmo tempo, embora seja mais comum sentir uma por vez conforme o momento de carreira que você está vivendo. Por isso costumo chamar também de *trilogia de Tom & Jerry*, pois uma trilogia é a representação de três tragédias que estão conectadas, mas que, ao mesmo tempo, podem ser vistas como obras individuais.

A dor de se sentir perdido

Quando se está diante desse desafio, é comum perguntar a si mesmo: "Será que estou na posição ou cargo certo?";

"será que eu deveria procurar outra oportunidade de trabalho?"; "será que eu deveria realizar uma transição de carreira e mudar de profissão?".

Geralmente, a primeira dor da trilogia da síndrome de Tom & Jerry está relacionada a uma dúvida ou insatisfação acerca do propósito daquilo que fazemos. Quando sentimos que estamos perdidos, sob o aspecto profissional, não conseguimos responder "por que" fazemos o que fazemos. Talvez até consigamos responder a essa pergunta relembrando a missão da empresa em que trabalhamos ou até mesmo da nossa própria empresa, mas a resposta ainda não consegue preencher o vazio de não ter encontrado o nosso propósito pessoal.

A dor de se sentir estagnado

O segundo desafio profissional referente à síndrome de Tom & Jerry — e também muito comum — é a dor da estagnação ou do crescimento muito lento (com o freio de mão puxado, como diria meu pai). Quando você está vivendo esse momento, é comum se perguntar: "O que estou fazendo de errado?"; "por que ainda não fui promovido?"; "por que não sou valorizado como deveria dentro da empresa?"; "será que eu deveria mudar de empresa para conseguir continuar crescendo?".

A segunda dor da síndrome de Tom & Jerry tem a ver com o "como". É normal que quem está passando por essa fase se questione se deveria estar executando o seu trabalho de alguma outra maneira. Ou até mesmo nem se questione sobre isso e acredite na própria boa performance profissional, atribuindo à empresa, ao chefe, à economia ou à política o motivo por não crescer na velocidade que gostaria.

A dor de se sentir despreparado

Por fim, a terceira e última dor é a do despreparo ou, em outras palavras, a de se sentir despreparado para enfrentar determinado desafio profissional. É muito comum senti-la quando se está diante de um desafio enorme e acaba desanimado pela dificuldade ou até mesmo por não ter ideia de como começar a resolução do pepino que o seu chefe lhe passou ou que você, empreendedor, precisa resolver no seu negócio. Inclusive, é bem comum você se perguntar nesses momentos "será que eu consigo?"; "será que sou capaz?"; "será que eu deveria ter sido escolhido para liderar esse projeto?"; "será que eu não deveria desistir?".

A dor número três da trilogia não tem a ver com o "por quê" (dor número um) ou com o "como" (dor número dois), tem muito mais a ver com o "o quê". Ou seja, é mais superficial e, por isso, é uma dor que na maioria das vezes é mais fácil de ser resolvida do que as anteriores. Por que ela é mais fácil? Porque, para lidar com a terceira dor, recorre-se à ferramenta, à metodologia ou ao conhecimento prático que é preciso aprender para conseguir enfrentar o novo desafio.

Agora que você conhece quais são as dores presentes na síndrome de Tom & Jerry, você deve estar se perguntando o motivo desse nome para um "mal" extremamente comum no mercado de trabalho e que incomoda desde o mais jovem até o mais experiente profissional.

Para quem não conhece, *Tom & Jerry* é um desenho animado criado na década de 1940. É a personificação da eterna batalha entre o desejo e a conquista, uma luta cômica em que o gato Tom arma planos mirabolantes para capturar o inalcançável rato Jerry. O desenvolvimento é composto de uma divertida sequência de tentativas, quase sempre fracassadas, do gato Tom para capturar o rato Jerry. Apesar de todas as táticas e armadilhas engenhosas do gato, muitas vezes milimetricamente construídas, Tom raras vezes alcança sucesso em capturar Jerry.

O que isso tem a ver com aquelas três dores que infelizmente fazem parte da realidade da maioria das pessoas que atuam no mercado de trabalho?

Fazendo um paralelo, o Tom sou eu, você, todos nós: dedicados, empenhados, e incansáveis na perseguição de nossos sonhos e ambições. Já o Jerry é a personificação dos nossos desejos mais urgentes: aquela promoção, o projeto inovador, a satisfação de um trabalho bem reconhecido ou até mesmo aquela boa sensação de ter a certeza de estar fazendo a coisa certa, no lugar certo. Ou seja, o Jerry representa os objetivos profissionais que buscamos a curto prazo.

Assim como no desenho animado, muitas vezes encaramos nossa carreira e a busca por objetivos profissionais como o gato Tom. Corremos de forma ineficiente. Batemos com a cabeça no muro o tempo todo e nos frustramos constantemente. É quase um ciclo ininterrupto, vicioso e, ao que parece, um processo sem fim. É óbvio que não vamos alcançar as nossas metas e objetivos profissionais — ou o nosso Jerry individual — se trabalharmos de forma ineficiente.

E da mesma forma que acontece com o Tom, falta-nos direcionamento, preparo e o conhecimento correto. Por quê? Porque quem mais deveria ter nos ajudado para que não fôssemos contagiados pela síndrome de Tom & Jerry não nos ajudou. A educação tradicional falhou em nos munir com as ferramentas necessárias para uma caçada bem-sucedida. Anos de ensino nos deixaram carregados de teorias e conceitos distantes da prática, enquanto as habilidades cruciais para navegar de forma inteligente no mercado de trabalho ficaram em segundo, terceiro, quarto ou em nenhum plano.

O abismo do ensino tradicional

A distância entre a realidade da educação formal adulta e a realidade profissional é, infelizmente, enorme. Para ser sincero, não consigo entender como anos e anos de estudo deixaram de lado algumas habilidades e conhecimentos indispensáveis para enfrentar os desafios presentes no dia a dia do mercado de trabalho. Não é por acaso que a síndrome de Tom & Jerry existe. A partir do momento que se tem um *gap* tão grande entre as necessidades do mercado e o que é de fato ensinado, o resultado só pode ser insatisfatório para todos.

De um lado, profissionais que se sentem inadequados para as suas funções, que sentem o despreparo da sua formação na rotina de trabalho, e isso se reflete no seu desempenho e na sua satisfação profissional.

Do outro, as empresas se encontram com dois grandes desafios: primeiro, a dificuldade de preencher vagas — de acordo com o relatório realizado pelo ManpowerGroup, a escassez de talentos é um fenômeno que atinge 75% das empresas no mundo todo;[2] segundo, quando essas vagas são finalmente preenchidas, nasce o desafio de desenvolver esses profissionais uma vez que chegam com lacunas de competências fundamentais para crescerem e atingirem seus resultados.

Para dimensionar o tamanho do problema, compartilho a surpreendente nota que os departamentos de RH dão atualmente para as faculdades e pós-graduações no que diz respeito à preparação do profissional. Nota de 0 a 10, certo? Não de 0 a 5.

Nota: 3,6.

De 0 a 10 quanto que você acha que o ensino tradicional prepara um jovem para o mercado de trabalho?

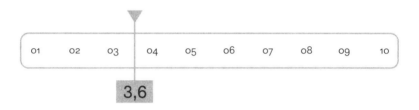

Não, você não leu errado. Para que possa entender melhor o significado dessa nota, vou contextualizar você. Fizemos uma pesquisa com mais de quinhentos RHs pelo Brasil e uma das perguntas era: "Em uma escala de 0 a 10, quanto você considera que a faculdade e a pós-graduação prepararam o aluno para o mercado de trabalho?".

Chamamos essa pesquisa de "People and the market" ("As pessoas e o mercado", em tradução livre). O grande objetivo era entender com nitidez como os RHs de pequenas a grandes empresas, de startups a multinacionais dos mais variados segmentos, enxergam a correlação entre o mercado de trabalho e a educação formal, e como as empresas estão se comportando em relação a isso.

Aproveitamos para estender a pesquisa também para as instituições de ensino, porque não tem por que simplesmente tirar conclusões sobre o impacto da atuação delas sem consultá-las. Conversamos com professores e reitores universitários de todo o Brasil e pedimos para responderem àquela mesma pergunta que fizemos para os RHs: "Em uma escala de 0 a 10, quanto você considera que a faculdade prepara o aluno para o mercado de trabalho?".

A resposta média deles foi de 7,1. Vamos combinar que, se fosse uma avaliação que eles estivessem fazendo com os alunos, essa nota mal daria para passar de semestre.

O que chama mais a atenção é a diferença de percepções: de 3,6 para 7,1 é um salto de cair o queixo. Seja qual for o lado da moeda, é a metade ou o dobro. Uma diferença que, convenhamos, não poderia existir.

A origem da síndrome de Tom & Jerry

1º — Muito foco nas habilidades técnicas (ou hard skills)

Segundo uma pesquisa realizada pela Page Personnel, 90% das demissões são por problemas de atitudes e comportamentos, e somente 10% por problemas técnicos.[3] Em outras palavras, nove a cada dez demissões não acontecem pela falta de domínio do conhecimento técnico exigido para a prática da função, mas acontecem, sim, pela falta do domínio de habilidades socioemocionais. Esse é um dado que não pode ser ignorado, afinal, ele revela um problema muito grave: a nossa educação foca 100% do ensino nos 10%.

Síndrome de Tom & Jerry

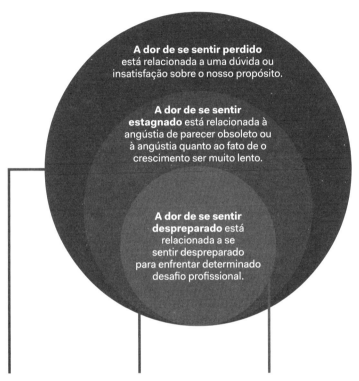

O QUÊ?

Será que eu consigo?

Será que sou capaz?

Será que deveria ter sido escolhido para liderar esse projeto?

Será que eu não deveria desistir?

COMO?

O que eu estou fazendo de errado?

Por que ainda não fui promovido?

Por que não sou valorizado como deveria dentro da empresa?

Será que deveria mudar de empresa para eu conseguir continuar crescendo?

POR QUÊ?

Será que estou na posição ou cargo certo?

Será que deveria procurar outra oportunidade de trabalho?

Será que deveria realizar uma transição de carreira e mudar de profissão?

Não é por acaso que uma pesquisa do World Economic Forum apontou as dez habilidades que toda empresa exigiria a partir de 2020 e deixou de fora as habilidades técnicas e focou 100% em outras habilidades, que são as seguintes: 1) resolução de problemas complexos; 2) pensamento crítico; 3) criatividade; 4) gestão de pessoas; 5) coordenação; 6) inteligência emocional; 7) julgamento e tomada de decisão; 8) orientação para servir; 9) negociação; e 10) flexibilidade cognitiva.[4]

Nesse mesmo sentido, a PwC, uma das maiores e mais respeitadas empresas de auditoria global, publicou em 2017 uma interessante pesquisa realizada com CEOs de todo o mundo (a 20th Annual Global CEO Survey) e revelou que adaptabilidade e resoluções de problemas estão entre as habilidades mais importantes.[5]

Repare que as habilidades técnicas (ou hard skills) ficam de fora dessas listas. E é óbvio o motivo pelo qual elas não aparecem: elas são fundamentais, mas por si só não bastam.

Outro ponto que merece atenção é o fato de que as habilidades técnicas ficam desatualizadas e mudam com muita rapidez. Para você ter uma ideia disso, em 1920, o diploma de engenharia tinha a durabilidade de 35 anos. Já em 1960, caiu para apenas dez anos. Atualmente, estima-se que esse mesmo diploma se torna obsoleto entre doze a dezoito meses.

Essas estimativas se referem a um estudo realizado por Fritz Machlup (1902-83), que criou, em 1966, o termo "meia-vida da educação", isto é, o tempo necessário para que determinado conhecimento ou ferramenta se torne obsoleto.[6]

As habilidades mais difíceis de encontrar são aquelas que as máquinas não executam.

— Quão difícil é para sua empresa recrutar pessoas com essas **habilidades ou características**?

— Além do conhecimento técnico sobre negócios, **qual é a importância das seguintes habilidades para a sua organização**?

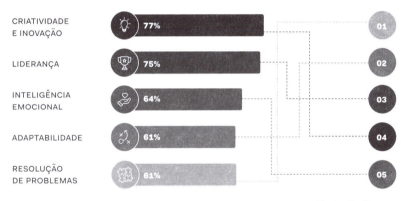

Fonte: PwC.

Por que será que essas habilidades ficam obsoletas com tamanha agilidade nos dias de hoje? A resposta é justamente a segunda causa do enfraquecimento da importância do diploma.

2º — Linear *versus* exponencial

A História da humanidade é dividida em três grandes eras — Era Agrícola, Era Industrial e Era Digital.[7] Foi só em dois momentos que nós, seres humanos, tivemos de enfrentar uma transição de eras. Mais do que uma mudança, foram verdadeiras revoluções. E, pasmem, estamos agora vivendo um desses momentos. E por que é importante termos consciência disso?

Porque aprendemos e fomos educados no contexto da Era Industrial. Porém, estamos vivendo e construindo carreira na Era Digital. É como se durante toda a nossa vida escolar tivéssemos aprendido a andar de bicicleta e, quando enfim chegamos ao mercado de trabalho, a prova é outra: de natação, por exemplo.

Para entendermos melhor esse contexto, precisamos trazer à tona algumas características marcantes da Era Industrial. Dentre elas, temos quatro principais: linear, repetitiva, segmentada e previsível. Como os nomes em si já sugerem, todas essas características remetem à linha de montagem de uma fábrica.

Primeiro, é linear porque a lógica industrial prevê uma evolução linear em tudo. Desde a linha de produção de um produto que passa obrigatoriamente por todas as etapas já preestabelecidas, como também o crescimento de um profissional dentro de uma fábrica. Inicia como operário, evolui para supervisor, podendo chegar até diretor, sempre crescendo degrau por degrau, de forma linear.

Segundo, é repetitivo. O trabalho é, basicamente, a eterna repetição de um mesmo processo. O colaborador é uma peça que executa determinada função. E, quanto mais você executa determinada função, mais você a domina. Quanto mais você a domina, mais rápido fica naquele procedimento. Quanto mais rápido fica, mais sua força de trabalho é capaz de produzir. Quanto mais sua força de trabalho produz, mais faturamento é gerado para a fábrica.

Ou seja, dentro desse raciocínio, a repetição equivale a domínio, que equivale a velocidade, que equivale a dinheiro. E fazia muito sentido, afinal de contas, nessa época 80% da mão de obra era manual.

Terceiro, é segmentado, nada se misturava. As pessoas e o trabalho eram separados por áreas ou departamentos. Os especialistas de cada área não cooperavam ou compartilhavam informações entre si.

Por último, como consequência dessa lógica, a Era Industrial é previsível: você sempre sabia qual seria a próxima etapa, logo, sabia exatamente como planejar o futuro.

Agora, preste atenção. Essas características não lembram a lógica do ensino tradicional? Pois é. O sistema de educação do jeito que conhecemos hoje nasceu no período da Era Industrial, justamente para atender à necessidade das fábricas por profissionais qualificados. Por isso, segue a mesma lógica das indústrias: tem uniforme, horário de entrada e saída, tarefas segmentadas e repetitivas, disciplinas desconectadas, estudantes em linhas, crescimento linear e um diretor para controlar.

Naquela ocasião, a escola cumpriu muito bem o seu papel. Preparou o profissional para a realidade do mercado. No entanto, o mundo mudou e continua a mudar a uma velocidade surpreendente. Agora vivemos a Era Digital — também conhecida como Era da Informação, cuja lógica é: exponencial, multidisciplinar, conectada e imprevisível.

Nessa era tudo acontece em um ritmo acelerado, e o que costumava levar anos para acontecer hoje pode se tornar realidade num piscar de olhos. Isso, inevitavelmente, afeta a dinâmica do mercado de trabalho. Não é à toa que, segundo um estudo encomendado pela Dell,[8] 85% dos trabalhos/funções profissionais que existirão em 2030 ainda não foram criados. Parece loucura, não é? Mas esse exemplo é justamente uma amostra do que é a Era Digital.

Diante desse cenário de muitas mudanças e incertezas, o desafio do diploma tradicional de se manter relevante é naturalmente enorme, ainda mais considerando que o foco do ensino tradicional é no conhecimento técnico, que, como vimos anteriormente, corre o risco de ficar desatualizado cada vez mais rápido de acordo com a teoria da "meia-vida da educação".

Isso quer dizer que se deve deixar de lado o conhecimento técnico? De forma alguma. Inclusive, já afirmei isso algumas vezes por aqui. O que quero dizer é que *não se deve* dar atenção exclusiva a ele.

3º — Pouco foco nas habilidades humanas

Segundo estudo da McKinsey, robôs substituirão entre 400 e 800 milhões de empregos até 2030 em todo o mundo.[9] Nesse mesmo sentido, a Foundation for Young Australians (FYA) revelou, no início de 2017, que 60% dos jovens estão entrando no mercado de trabalho em empregos que serão "radicalmente afetados pela automação" nos próximos dez a quinze anos.[10] Esse dado não vale apenas no contexto australiano, mas provavelmente no mundo todo.

Será que esses números e previsões não são apocalípticas demais? Eu sinceramente acredito que não. Mas calma lá, não se assuste. Isso não é necessariamente motivo de preocupação. Como disse Martha Gabriel, uma das pensadoras mais influentes do Brasil, "robôs humanoides ameaçam apenas humanos robotizados". Esse é ponto.

"Os robôs ficarão mais ocupados com a execução das atividades robotizadas e os humanos ficarão mais livres para serem humanos."

Hendel Favarin

OU VAI, OU VOA

E faço ainda uma dobradinha com o Paul Petrone, head do LinkedIn Learning, "a ascensão da IA (inteligência artificial) está tornando as habilidades humanas cada vez mais importantes, já que são competências que os robôs não podem automatizar".

Essa lógica de pensamento faz todo o sentido. Afinal de contas, na Era Digital, trabalhos repetitivos e de rotina, que não demandam intervenção criativa ou do relacionamento humano, serão gradualmente substituídos por robôs e pela inteligência artificial. Logo, mais do que nunca, as características comportamentais e sociais é que farão a diferença, isso é óbvio: jamais vamos conseguir competir com a precisão, produtividade e agilidade de uma máquina. No entanto, podemos nos destacar justamente naquilo que a inteligência artificial ou os robôs não nos alcançam: nossa capacidade de sermos humanos.

Nesse já inevitável cenário, os robôs ficarão mais ocupados com a execução das atividades robotizadas e os humanos ficarão mais livres para serem humanos. E assim, paradoxalmente, a Era Digital pode se tornar a Era em que nos tornamos mais humanos.

Agarre-se aos sete princípios

O ensino tradicional não tem conseguido cumprir como deveria o seu papel na preparação do aluno para o mercado de trabalho por esses três grandes motivos: foco demasiado no conhecimento técnico, contexto esse que é agravado pelo surgimento de muitas mudanças. Assim, o conhecimento técnico se torna mais facilmente obsoleto e, ao mesmo tempo, a formação do profissional não reservou a devida atenção para o desenvolvimento de habilidades humanas, criando um entrave para a evolução da sua carreira.

Logo, fica muito nítido o porquê de o diploma, que antes era tão determinante para o sucesso profissional, ter perdido tanto o papel de destaque. Mas, então, como sair do looping da síndrome de Tom & Jerry? Ou seja, como não se sentir perdido, como sair da estagnação profissional ou o que se deve aprender para voar profissionalmente?

É justamente por meio dos sete princípios presentes neste livro que você combaterá qualquer dor proveniente dessa síndrome. É justamente por meio dos sete princípios que você conseguirá guiar sua carreira para o mais alto nível. É justamente por meio dos sete princípios que você conseguirá ter a visão e a competência necessárias para decolar na sua profissão.

Mas, antes, quero compartilhar com você como tudo começou.

Capítulo 3
Como tudo começou

O nascimento da Conquer

Na Conquer, eu, Hendel, o Sidnei e o Josef somos os fundadores. Sim, ter um nome estranho foi um critério para a seleção dos sócios. Brincadeiras à parte, o Sidnei é alguém que conheci na faculdade de direito. Já o Josef me foi apresentado pelo Sidnei — eles eram amigos de infância.

Eu já era sócio do Sidnei antes mesmo da Conquer, desde que abri mão da minha carreira em uma das maiores consultorias do mundo, em 2014, para juntos empreendermos pela primeira vez por meio de uma startup chamada *Almoça* — que era focada no nicho de restaurantes por quilo. A primeira unidade da Conquer foi inaugurada quase três anos depois, em agosto de 2016. Ao longo desses anos empreendendo, antes de sequer imaginar ou sonhar com a ideia da Conquer, eu e o Sidnei, devido aos enormes desafios que enfrentávamos e a grande vontade de atingir maiores resultados com aquela startup, passamos a estudar outras habilidades profissionais que a faculdade não havia nos ensinado.

Dentre essas outras habilidades, destaco liderança, negociação, vendas, oratória e produtividade. Hoje, olhando para trás, podemos chamar de soft skills, mas naquela época esse termo não era tão popular e não tínhamos ideia da sua importância.

Passamos a estudar essas habilidades em livros e em pesquisas na internet. Inclusive, grande parte do conteúdo só encontrávamos em sites estadunidenses ou europeus, tudo em inglês. Não existia nenhuma escola de negócios que ensinasse esse combo de habilidades. Existia uma ali, outra lá, que as ensinava de forma isolada. Mas todas eram escolas no melhor (ou pior) estilo tradicional: metodologia ultrapassada, modelos convencionais, comunicação dos anos 1990 e cursos exageradamente longos. Definitivamente, não nos atraía nem um pouco.

Depois de meses estudando essas habilidades, e à medida que colocávamos em prática no nosso dia a dia tudo o que aprendíamos, os resultados da nossa startup começaram a crescer de forma bem expressiva — e muito surpreendente. Era surreal o retorno do investimento (ROI) daquelas soft skills quando colocadas em prática.

Essas habilidades nos transformaram como profissionais e como pessoas. A impressão era que um novo mundo de possibilidades tinha se aberto para nós. Naturalmente, começamos a abordar com nossos amigos esses assuntos, assim como os resultados que estávamos obtendo e, de modo bem orgânico e despretensioso, passamos a ajudá-los também. Afinal, todos temos desafios profissionais e uma ajuda é sempre bem-vinda.

Foi exatamente aí que a história da Conquer nasceu. Da noite para o dia, um reflexo óbvio das inúmeras experiências acumuladas que vivíamos como empreendedores, dos desafios que enfrentamos e da maneira como trabalhamos para contorná-los — o Sidnei chegou ao trabalho dizendo que não havia conseguido dormir na noite anterior. Mas fique calmo: a causa não foi nenhum pesadelo. Foi, na verdade, porque ele teve uma ideia brilhante. Uma que poderia transformar e potencializar a carreira profissional de qualquer pessoa, independentemente de sua área de atuação. E, após criar uma bela história de pano de fundo e toda uma linda — e lógica — contextualização para me preparar para a apresentação da nova ideia, me perguntou: "E se a gente criasse uma escola de negócios, diferente de tudo o que encontramos por aí, que ensinasse tudo aquilo que deveríamos ter aprendido na faculdade? Que, além de ensinar as habilidades humanas que todo profissional deveria dominar, também ensinasse habilidades técnicas, principalmente aquelas relacionadas à nova economia — de um jeito completamente diferente do ensino tradicional?".

A ideia me pareceu óbvia, porque era óbvio que o ensino tradicional era insuficiente. Tanto por ensinar da mesma forma — e há muito tempo — habilidades técnicas, quanto por deixar de ensinar habilidades humanas. Mas a ideia me pareceu genial também, porque apesar de óbvio não existia escola alguma que ensinasse essas habilidades através de uma proposta inovadora, tanto em termos de metodologia, conteúdo, qualidade, e que ao mesmo tempo soubesse conversar com a realidade do mercado de trabalho.

Minha resposta àquela pergunta, depois de alguns segundos em silêncio, foi um: "SIM (eufórico), com toda a certeza". Quando pensávamos no impacto positivo que uma escola de negócios com esse DNA poderia causar na vida de qualquer profissional, fosse qual fosse a sua área de atuação, era impossível nossos olhos não brilharem. Foi um sentimento muito forte e contagiante que tomou conta de nós naquele dia.

E sabe o que é o mais curioso dessa história? Naquela mesma semana, um amigo de infância do Sidnei, o Josef, estava passando um período de férias no Brasil e, por isso, eles tinham marcado um café para um reencontro. Na época, Josef estava morando fora do país, pois havia sido expatriado para a Colômbia para iniciar a operação do Grupo Boticário por lá.

Naquele reencontro, o Sidnei resolveu fazer a seguinte pergunta para o Josef: "Das conquistas profissionais que você mais tem orgulho, quanto acredita que foi em razão da faculdade, da pós ou do MBA que você fez?". A resposta dele foi rápida e direta: "Pouca coisa. A maioria foi graças a muito trabalho duro e a toda a experiência e aos aprendizados que fui adquirindo ao longo da carreira".

Depois da resposta, imediatamente o Sidnei perguntou: "O que você acharia de uma escola de negócios, diferente de tudo que encontramos por aí, que ensinasse tudo aquilo que deveríamos ter aprendido na faculdade, bem como ensinasse conteúdos para atuar nesse novo e atual mercado?".

Pronto, foi paixão à primeira vista. O que era para ser somente uma pergunta de opinião do nosso lado, virou uma proposta de sociedade do outro. E após aquela conversa, três meses depois, o Josef abriu mão da carreira executiva para, juntos, tirarmos do papel a ideia da Conquer.

BOX DO JOSEF

Você já teve aquela ideia fantástica de um negócio, que pareceu brilhar em sua mente, mas nunca tirou do papel? Ou pior: já se pegou vendo uma ideia sua sendo implementada por outra pessoa e pensou: "Poderia ser eu?".

Pois é, essa poderia ter sido a minha história também. Existem muitos dados que falam sobre a taxa de mortalidade de empresas após anos de abertura, mas não existe qualquer estatística sobre a proporção de projetos que ficam só no "e se...".

Refletindo sobre isso, percebo que existem vários motivos pelos quais inúmeros projetos não passam nem pela fase das ideias. Na minha visão, existe um fator crucial que faz toda a diferença nessa etapa: a paixão.

Na fase inicial de um negócio, onde nada ainda foi criado, o principal recurso que a startup tem é o empreendedor. Para transformar a ideia em realidade, o empreendedor enfrenta uma montanha de desafios. É aí que a paixão se torna essencial.

Sabe aquela paixão avassaladora de começo de relacionamento, quando você não consegue nem pensar em outra coisa? É dela que estou falando. Eu me refiro àquela força avassaladora que você sente por dentro, quase intangível. É como se cada célula do seu corpo vibrasse com a ideia. A paixão precisa ser tão grande, a ponto de puxar um real comprometimento emocional de todos os envolvidos no novo negócio.

Em um cenário em que você compartilha a sua ideia com os outros, e os outros não parecem tão animados quanto você, você vai se apaixonando ainda mais ou deixa a chama se apagar? Se a paixão for forte o suficiente, ela evolui para comprometimento emocional, de tempo e financeiro.

Quando escutei a ideia da Conquer, foi exatamente assim que aconteceu. Eu não pensava em empreender, estava trilhando carreira em uma multinacional com boas perspectivas de crescimento e com um excelente salário. Sendo muito transparente, ganhava o equivalente a 30 mil reais naquela ocasião, em 2016. Ao ser apresentado à ideia da Conquer, eu não conseguia mais pensar em outra coisa. Eu passava noites em claro, imaginando como poderíamos transformar a vida de tantas pessoas com um ensino revolucionário, uma ideia que, naquele momento, nem nome tinha.

Ao contar para amigos e familiares sobre a ideia, fui por diversas vezes chamado de louco. "Como assim você vai abrir mão da sua carreira para abrir uma escola? Você não é nem da área de educação" era o que me falavam. Ainda assim, a chama persistia acesa. Então, liguei para o Hendel e para o Sidnei e perguntei: "A ideia dessa escola faz muito sentido e eu não consigo parar de pensar nisso. Vocês topam largar tudo para fazer isso acontecer?". Eles toparam na hora, e assim, com nosso comprometimento emocional, de tempo e financeiro, a Conquer nasceu.

Paixão não é tudo. Mas sem paixão até as ideias mais brilhantes permanecem no escuro.

 O que é a Conquer.

O nosso DNA

Em 2016, logo durante nossas primeiras reuniões sobre como funcionaria a escola, qual seria o seu nome e quais seriam os cursos oferecidos, nasceu a vontade de desenvolvermos nossa metodologia em um dos maiores polos de inovação do mundo: o Vale do Silício, na Califórnia.

O Vale, como também é popularmente conhecido, é o berço de empresas como o Facebook, o Google, a Apple e a Netflix — eu diria que apenas essa informação é o suficiente para chamar muita atenção a esse polo. Para você ter uma ideia do potencial econômico da região, se ela fosse um país, seria um dos mais ricos do mundo.

O poder de inovação é tão surpreendente que a pequena região do Vale tem mudado e ditado o comportamento global. Tanto no jeito como as pessoas vivem, se relacionam, pensam e, principalmente, como trabalham. E foi justamente por isso tudo que fomos para o Vale do Silício a fim de desenvolver nossa metodologia de ensino. Sonhávamos com uma escola diferente e que tivesse uma metodologia inovadora. Estávamos cansados do ensino tradicional. Cansados de ter de aprender conteúdos completamente desconectados com o mercado de trabalho e de assistir às aulas que exigem que você tome café para ficar acordado. Enfim, como você sabe muito bem, o mundo inteiro mudou e continua mudando. E por que as escolas não mudam também?

Com esse objetivo em mente, inscrevemos o projeto da Conquer no processo seletivo da Draper University, uma das principais universidades de empreendedorismo do Vale do Silício, cujo fundador é Tim Draper — um dos principais investidores da região, já tendo investido em empresas como Tesla, Skype e Hotmail. Nosso projeto foi avaliado por inúmeros critérios, dentre eles modelo de negócio, experiência dos fundadores, nossa capacidade de execução e o potencial de impacto que geraria. Felizmente, depois de algumas entrevistas, quatro longas semanas de espera e muito frio na barriga, o projeto da Conquer foi aprovado.

A experiência nesse programa de aceleração de negócios foi incrível. Integramos a lista dos primeiros alunos brasileiros que participaram desse programa. Na época, o Vale do Silício não era tão popular e badalado como é hoje, muito menos a Draper University. A imersão na cultura do Vale do Silício, além de nos conectar a iniciativas de educação muito interessantes, nos ajudou a construir os três grandes pilares da Conquer — o nosso DNA.

É por causa dos nossos três pilares que conseguimos manter a qualidade do ensino, gerar tanta propaganda boca a boca e, como consequência, impactar mais de 5 milhões de alunos em tão pouco tempo. Também é por causa dos três pilares que os nossos cursos têm transformado empresas em todo o país. Enfim, é graças a esses três pilares que a Conquer se tornou uma das escolas de negócios mais respeitadas e requisitadas do país. Mas antes de revelar quais são os nossos três pilares, vou explicar como os criamos.

Já ouviu falar do termo *customer-centric*? É uma expressão comum no mercado de trabalho, sobretudo quando se fala de inovação. Trata-se de uma estratégia — ou até mesmo uma metodologia de trabalho — utilizada por startups, como também por grandes empresas tradicionais que desejam inovar. Por que ela é tão valorizada atualmente no mercado? Vamos lá. Vou explicar, mas, para isso, vou contextualizar primeiro.

As 4 eras do consumo

Revolução Industrial

No período da Revolução Industrial, as empresas que mais se destacavam no mercado global eram as empresas que conseguiam produzir em maior escala o seu produto. O diferencial naquele período era a capacidade de produzir em grandes volumes.

Pós-Revolução Industrial

Logo após o boom ocasionado pela Revolução Industrial, as empresas que mais se destacavam não eram as que mais produziam, e sim as que mais conseguiam vender. Afinal de contas, produzir em alta escala já não era mais um diferencial competitivo. O grande diferencial passou a ser a capacidade de vender a grande quantidade de produtos em estoque.

Anos de ouro do marketing

Já por volta dos anos 2000, o paradigma mudou: as empresas que mais se destacavam passaram a ser as que eram as mais fortes no marketing e que dominavam os multicanais, principalmente a televisão e a internet, pois foi por meio dessas plataformas que elas conseguiram expandir o alcance de marca e conquistar enorme capilaridade de mercado, jamais vista antes.

A era do consumidor no centro

Hoje, a história já é outra. Mudou de volta. Atualmente, as empresas que mais se destacam no cenário brasileiro e global são as empresas *customer-centric* (ou seja, que

REVOLUÇÃO INDUSTRIAL
As empresas que mais se destacavam eram as que conseguiam produzir em maior escala o seu produto.

[Diferencial competitivo = Produção em larga escala]

PÓS-REVOLUÇÃO INDUSTRIAL
Após o boom ocasionado pela revolução industrial, as empresas que mais se destacavam eram as que mais conseguiam vender.

[Diferencial competitivo = Vendas]

ANOS DE OURO DO MARKETING
– Por volta dos anos 2000, as empresas que mais se destacavam eram as mais fortes no marketing e que dominavam os multicanais, principalmente a televisão e a internet.

– Essa estratégia expandia o alcance de marca e conquistava capilaridade de mercado.

[Diferencial competitivo = Marketing]

A ERA DO CONSUMIDOR NO CENTRO
– Hoje, a história já é outra. Mudou de volta. As empresas que mais se destacam são as *customer-centric* (que têm o cliente no centro.)

– Nessa era, o cliente está no centro de todas as decisões, com estratégias, processos e produtos voltados para ele.

[Diferencial competitivo = Consumidor no centro]

têm o cliente no centro). E o que faz uma empresa ser *customer-centric*? É ter o foco no cliente e tê-lo no centro de todas as decisões da empresa. É construir as estratégias, os processos e os produtos pensando sempre no cliente e buscando proporcionar a melhor experiência de consumo possível. Não é empurrar soluções como a velha economia fazia, e sim focar em solucionar um problema do cliente e focar em suas reais necessidades.

É construir um produto com o cliente — e não para o cliente. Porque a partir do momento em que você constrói um produto ou serviço com o cliente, você se aproxima dele. Você fica lado a lado dele. Você o entende e então é capaz de focar na sua real necessidade. O mundo mudou, o mercado mudou. Hoje as pessoas querem ser ouvidas. Hoje as pessoas querem comprar de empresas que se importam de verdade com elas. Que facilitam a sua vida. Que resolvem uma dor. Que entregam valor. Inclusive, ser *customer-centric* é quase uma característica comum e obrigatória de startups e empresas de tecnologia. Não é à toa que as suas soluções explodem no mercado e não ganham apenas clientes, mas uma legião de fãs. Dentre elas, podemos citar Netflix, Uber, Airbnb e Nubank.

E foi justamente usando a metodologia comum das empresas mais inovadoras do mundo, a metodologia *customer-centric*, que desenvolvemos os três grandes pilares da Conquer o nosso DNA. E como fizemos isso? Ouvindo nossos futuros e potenciais clientes. Ouvindo quem passou pelo ensino tradicional. Ouvindo o mercado de trabalho. Ouvindo quem passou anos dentro de uma sala de aula, que investiu trinta, cinquenta ou até mesmo 150 mil reais em uma faculdade, pós ou MBA, e que nunca tinha sido ouvido antes por essas instituições de ensino. Ouvindo, e somente assim, entendendo, no detalhe, tudo que eles não gostavam ou de que sentiam falta no modelo educacional tradicional.

E o que identificamos? Três grandes problemas, três dores ou três incômodos que qualquer pessoa que já foi aluno do ensino superior tradicional já sentiu na pele.

Quais são eles? *Metodologia, conteúdo e professores*. Metodologia porque é ultrapassada e não leva em consideração a experiência, o engajamento e a aprendizagem do aluno. Conteúdo porque é pouco prático e muitas vezes sem conexão com a realidade. Por fim, professores, porque muitos são teóricos, sem didática e sem experiência de mercado. Consequentemente, seguindo a lógica oposta, nossos três grandes pilares, ou nosso DNA, temos

Metodologia

É uma metodologia própria e exclusiva. Aqui, nós conseguimos um feito inédito que, ao olhar a realidade da educação no Brasil, parecia algo impossível. "Na Conquer você não precisa tomar café para assistir a uma aula". Parece piada, mas é verdade. Essa frase começou sendo dita por nossos alunos e hoje virou uma bandeira nossa. Por que tornamos isso uma bandeira? Porque acreditamos que uma boa aula deve engajar o aluno e não deixar que ele ou ela fique com sono, e isso é responsabilidade nossa e não do aluno. É justamente por essa razão que as aulas na Conquer são dinâmicas, práticas, com cases de mercado. Você gosta e quer estar lá aprendendo. Na Conquer, também não temos provas durantes os cursos, e sim desafios e projeto que somam pontos aos alunos. Ao final, os maiores pontuadores ganham prêmios. Afinal, não estamos interessados na capacidade dos alunos de decorar alguma coisa. Estamos interessados em sua evolução semana a semana durante o curso — e por isso gamificamos a experiência em sala de aula. E o mais interessante: na Conquer invertemos a lógica tradicional: quem avalia não são os professores, e sim os alunos. É isso mesmo. Ao fim de toda aula, nossos alunos avaliam a aula e o professor de modo anônimo. É o mesmo mecanismo que os aplicativos de mobilidade urbana usam, só que agora para experiência na sala de aula. Só assim conseguiremos proporcionar o que de fato importa para o aluno: uma experiência única e transformadora de carreira. Não é por acaso que nossa missão é acelerar a carreira dos alunos. Não é por acaso que os alunos dizem que existe uma carreira "antes da Conquer e depois da Conquer". E sabe o que é mais legal? Atualmente a avaliação média dos nossos alunos, de todas as aulas e de todos os cursos, é a inacreditável, mas real, porcentagem de 97% — isso mesmo, 9,7 a cada 10 alunos indicam a Conquer —, contrariando em peso, e de lavada, a média do mercado.

Conteúdo

É selecionado a dedo. Vai direto ao ponto, sem enrolação. Obrigatoriamente inclui as melhores práticas, ferramentas e metodologias do Brasil e do mundo. E o conteúdo só entra em sala de aula se for mesmo capaz de proporcionar resultados aos nossos alunos quando de sua aplicação — e não daqui uma semana, mas no dia seguinte. Ou seja, o conteúdo só é admitido no programa da Conquer se tiver aplicação imediata. O enfoque é prático. E levamos tão a sério a importância de o conteúdo ser prático e conectado com a realidade do mercado, que o primeiro passo para iniciarmos o desenvolvimento do conteúdo de qualquer novo curso é a realização de um profundo diagnóstico cujo objetivo é identificar todas as dores, as necessidades, os desafios e os objetivos do aluno com relação àquele novo curso, bem como as exigências e as expectativas do mercado. Um pequeno exemplo desse processo foi quando criamos a primeira pós-graduação da Conquer, em 2020: a pós-graduação de liderança e gestão de pessoas. Na ocasião, convidamos grandes líderes de mercado, RHs, novos líderes, gestores, o nosso time de criação, e juntos fizemos uma imersão e diagnóstico de todas as características que um líder precisa desenvolver para se tornar referência em sua função, aliado às melhores práticas da posição e atendendo às reais necessidades do mercado. O resultado foi um curso extremamente transformador. Não é à toa que hoje (orgulhosamente) é o principal curso de pós do segmento no Brasil.

Professores

Todos, sem exceção, são profissionais de mercado que vivem diariamente o que ensinam na Conquer. Tratam-se de profissionais das melhores empresas e startups do país. Todos com muita bagagem e experiência nas suas áreas e com muitas horas de voo. E voos de tirar o chapéu, arregalar o olho e derrubar o queixo. Cada um com uma referência única de mundo, com muitos aprendizados e cases para compartilhar. São profissionais incríveis. Ah, e não é qualquer um que dá aula na Conquer. Não importa o cargo ou a empresa. Todos passam por um processo seletivo (que hoje tem fila de espera) e, caso aprovados, passam por nosso treinamento de metodologia. Ainda assim, necessariamente, eles têm de ser aprovados mediante uma aula-teste para cada disciplina que darão na Conquer — somos apaixonados por qualidade. E uma curiosidade: 90% deles nunca tinham dado aula antes. A maioria é composta de profissionais de mercado que jamais se identificaram em dar aula em uma instituição tradicional, outros são profissionais de categoria elevadíssima, contudo, por não terem certos diplomas, não podiam dar aulas de acordo com as regras do ensino tradicional. A Conquer foi a primeira escola que dispensou completamente qualquer tipo de análise de currículo formal para dar aula. O que importa, aqui, são os resultados reais de mercado e a capacidade de transmitir esse conhecimento de maneira clara.

Na Conquer, parte significativa do nosso sucesso se deve a uma característica interessante: nenhum dos três fundadores tinha experiência prévia no setor educacional. É verdade que empreender em um campo no qual você já possui conhecimento profundo tem suas vantagens, mas se aventurar em um território desconhecido também traz benefícios únicos e surpreendentes.

Primeiro, abordar um novo setor com olhos de novato permite uma visão fresca e não convencional dos desafios e oportunidades. Sem as lentes dos vícios e práticas estabelecidas, você consegue identificar soluções inovadoras e criativas que talvez nunca fossem consideradas por alguém da área. Exatamente de acordo com o que já escutei muitas vezes, Rony Meisler, fundador da Reserva, afirma sobre o orgulho que ele tem de ser um outsider da indústria da moda, e que, justamente por esse motivo, sempre teve uma mente livre para inovar.

Além disso, a ausência de familiaridade com o setor nos impulsiona a aprender de maneira contínua. Ter ido para o Vale do Silício em busca de conhecer iniciativas inovadoras na educação e desenvolver a nossa metodologia por lá foi um ato de humildade. Isso mantém a mente ágil e aberta, fomentando uma cultura de aprendizado constante dentro da empresa.

Outro ponto em que acredito muito e sobre o qual sempre falei para as equipes que lidero é o seguinte: o bom profissional de verdade consegue ser um bom profissional em qualquer segmento. Um bom marqueteiro, por exemplo, é aquele que entende de consumidor, sabe sobre comunicação, estratégias de posicionamento e por aí vai. Não importa se você está criando uma campanha para uma empresa de cosméticos, educação ou um abatedouro de frangos. Se souber os fundamentos do marketing, você vai mandar bem. O mesmo vale para grande parte das áreas. Neste momento, com uma grande oportunidade no mercado de educação, sentia profundamente dentro de mim que poderíamos fazer melhor do que o que já existia.

Quando você é novo em um campo, questiona as normas e processos que os veteranos talvez aceitem como padrão. Esse questionamento pode levar a melhorias significativas e à inovação.

Hey ho...

Neste capítulo contei a respeito de como nasceu a ideia da Conquer, por que fomos para o Vale do Silício e por fim apresentei nosso DNA. Fiz questão de explicar sobre nossa ida para o Vale e sobre os nossos três pilares, porque toda a experiência inicial da Conquer, somada à nossa trajetória como empreendedores à frente de uma das escolas de negócios mais inovadoras do país, fizeram com que eu e o Josef aprendêssemos muito e tivéssemos a oportunidade de conhecer os melhores. E por "melhores" não quero dizer aqui somente os melhores conteúdos e as melhores ferramentas de gestão e performance, mas, acima de tudo, conhecemos os melhores profissionais.

E o que descobrimos olhando para nossa história e para a história desses profissionais? Descobrimos que existem, sim, alguns padrões de comportamento e de visão de mundo que são comuns aos melhores profissionais. São padrões que podem fazer com que qualquer pessoa consiga impulsionar os seus resultados a fim de crescer (muito) profissionalmente. Tratam-se dos mesmos padrões que fizeram com que eu e meus sócios saltássemos da posição de fundadores de uma pequena escola de 45 m², com zero colaboradores, apenas 36 alunos e 30 mil reais investidos no pequeno negócio, para:

- Um timaço de mais de oitocentas pessoas.
- Mais de 5 milhões de alunos em mais de 110 países nos primeiros sete anos.
- Mais de 1 bilhão de reais de aumento de remuneração aos nossos alunos.
- Mais de 500 milhões de reais em faturamento nos primeiros anos.

- Sócios de um dos maiores líderes brasileiros, o bilionário Flávio Augusto.
- Um dos maiores cases de empreendedorismo da atualidade e detentores de uma das maiores revoluções no mercado de trabalho.
- A marca de educação na América Latina com maior engajamento no LinkedIn.
- A marca de educação finalista do Top of Mind dos RHs.
- A conquista de clientes como Nestlé, Google, Ambev, Nubank, Coca-Cola, entre muitas outras.

Enfim, com base no que vivemos nos últimos anos e refletindo tudo que nos fez chegar até aqui, nasceu a vontade de compartilhar — ao melhor estilo Conquer (prático e direto ao ponto) —, por meio deste livro, tudo o que temos tido a oportunidade de viver profissionalmente e que fizeram toda a diferença na nossa carreira e na vida de tantas pessoas. Tudo isso, por intermédio de sete princípios que podem transformar a sua vida, assim como já transformaram a minha, a dos meus sócios e a da Conquer.

Por fim, não importa em qual fase (ou fases) da síndrome de Tom & Jerry você está vivendo. Não importa se está perdido profissionalmente e pensa em fazer uma transição de área. Não importa se está estagnado e quer dar uma chacoalhada na sua carreira. Ou, enfim, não importa se você simplesmente quer dar uma impulsionada nos seus resultados e acelerar o seu crescimento profissional. O que importa aqui é que este livro foi escrito para todo profissional que almeja mais. Para todo profissional que busca fazer a diferença e se destacar, seja qual for a sua área de atuação. Que sabe que pode atingir resultados muito maiores e que sonha grande.

A partir de agora, desejo que você não só leia cada um desses sete princípios, mas desejo, do fundo do coração, que você viva intensamente cada uma das páginas, pois sei que elas só farão uma coisa pela sua vida: o bem.

Let's go!

PARTE

2

Princípio n. 1:
Salto baixo, peito aberto e ouvido atento

O ponto cego

No ano de 1995, a cidade de Pittsburgh, nos Estados Unidos, foi palco de um dos crimes mais bizarros de que já ouvi falar. Um homem de meia-idade chamado McArthur Wheeler assaltou dois bancos consecutivos em plena luz do dia. Até aí, tudo bem. O mais curioso desse crime, porém, e o que o tornou de certa forma especial dentre milhares de crimes ao redor do mundo, é o que o ladrão usou para esconder o seu rosto. Não foi máscara, maquiagem, touca ou qualquer outro tipo de disfarce que você consiga imaginar. Acredite se quiser: ele usou suco de limão para cobrir o rosto. Já ouvi dizer que do limão dá para se fazer uma limonada, e até concordo, mas uma máscara?

E você acha que a estratégia deu certo? Obviamente não deu. Como já deve imaginar, ainda no dia do assalto os policiais conseguiram prender McArthur. Porém, ao contrário do que se esperava, quando Wheeler foi preso, em momento algum alegou inocência. Incrédulo, sem acreditar no que estava acontecendo, repetiu inúmeras vezes "mas eu usei o suco", "mas eu usei o suco". Obviamente, ninguém entendeu o que ele estava querendo dizer.

Mais tarde, durante o interrogatório, as autoridades descobriram o porquê daquela repetida murmuração ("mas eu usei o suco"). Wheeler contou à polícia que esfregou o rosto com suco de limão para se tornar invisível para as câmeras de segurança. Entretanto, assim como não deve ter feito para você, a ideia do disfarce não fez sentido algum para as autoridades e para a polícia. Portanto, decidiram realizar testes para verificar se Wheeler estava sob efeitos de drogas ou álcool. Os resultados saíram em seguida e surpreenderam a todos que estavam acompanhando o caso: ambos os exames deram negativo para drogas ou álcool.

Após uma investigação mais profunda, os investigadores também chegaram à conclusão de que o assaltante estava em plena posse de suas capacidades mentais: estava apenas incrivelmente equivocado sobre as propriedades químicas do suco de limão. Wheeler baseou sua magnífica estratégia de disfarce com base em um fenômeno químico existente no suco de limão que o transforma em uma espécie de "tinta invisível".

E que fenômeno é esse? Em algum momento de sua vida, ele havia aprendido que se você escrevesse em uma folha em branco com suco de limão, nada apareceria. Porém, caso você aquecesse a "tinta invisível", tudo o que você havia escrito se tornaria visível. E tem mais: para confirmar o funcionamento desse fenômeno, Wheeler fez um teste. Ele cobriu o rosto com suco de limão e tirou uma foto sua com uma câmera polaroid — aquelas câmeras que conseguem capturar e revelar a foto instantaneamente.

Ninguém sabe dizer o porquê, mas, por algum motivo, a foto saiu em branco. Logo, o que simplesmente era um indício de defeito do filme da câmera, para Wheeler foi a prova de que ele precisava para confirmar o poder da tinta invisível.

Diante disso, deduziu incorretamente que o suco poderia tornar o seu rosto invisível para as câmeras de segurança. Azar de Wheeler e azar o nosso também. Já pensou que legal seria se passássemos suco de limão no rosto e ficássemos invisíveis?

Esse fatídico caso policial fez parte de uma série de estudos e experiências realizadas por dois psicólogos sociais, Justin Kruger e David Dunning, à época pesquisadores da Universidade Cornell. As conclusões publicadas por esses profissionais chamaram tanto a atenção do mundo que inclusive foram reconhecidos com o Prêmio IgNobel dado pela revista de humor científico *Annals of Improbable Research* ("Anais da Pesquisa Improvável", em português) cujo principal lema é "fazer primeiro as pessoas rirem e depois pensarem".[11]

Esses dois célebres psicólogos sociais foram responsáveis pelas conclusões acerca do fenômeno mundialmente conhecido como efeito Dunning-Kruger. Esse fenômeno explica que quanto menos sabemos sobre um tema, mais achamos que sabemos sobre ele. Logo, ficamos mais propensos a tomar decisões equivocadas como também a alcançar maus resultados. É o que os psicólogos chamam de "superioridade ilusória" ou "ilusão de competência". Como também é o que inspirou Bertrand Russell (1872-1970), um filósofo britânico, a afirmar que "o maior problema do mundo é que os ignorantes e os fanáticos estão muito seguros de si mesmos e as pessoas inteligentes estão cheias de dúvidas".[12] É a inversão da lógica da célebre frase de Sócrates: "Só sei que nada sei"; sob esse novo prisma, seria "nada sei e por isso acho que tudo sei".

Efeito Dunning-Kruger

Como você pode observar, esse fenômeno explica que, muitas vezes, quanto menos conhecimento temos sobre determinado tema, mais confiança temos para falar sobre ele ou até mesmo para tomar decisões a seu respeito — zona da ignorância. Não é à toa que Charles Darwin afirmou que que "a ignorância gera mais frequentemente confiança do que o conhecimento".[13]

Entretanto, à medida que passamos a aprender sobre determinado tema e o nosso grau de conhecimento aumenta, percebemos a complexidade daquilo e imediatamente nosso grau de confiança despenca, pois notamos quão limitada era a visão e o conhecimento que tínhamos a respeito do tema. Somente à medida que nos aprofundamos no conhecimento em questão e passamos a compreen-

"A ignorância gera mais frequentemente confiança do que o conhecimento."

Charles Darwin

OU VAI, OU VOA

der suas complexidades é que nosso grau de confiança volta a se elevar. Parece simples... mas, infelizmente, não é.

O problema disso tudo, e o que torna a situação mais complicada, é que quando temos déficit de conhecimento acerca de dado tema ou habilidade, sofremos uma "dupla maldição". A primeira parte da maldição é que acabamos cometendo erros e tomando más decisões. Já a segunda parte, e a mais perigosa, é que a mesma falta de conhecimento a respeito de um tema ou habilidade faz também com que não notemos os erros que cometemos e as más decisões que tomamos. Ou seja, o conhecimento necessário para dar a resposta correta é o mesmo conhecimento que precisamos ter para reconhecer qual é a resposta correta. Logo, não conseguimos enxergar o que não está indo bem e ficamos alheios a respeito de nós mesmos. E qual é a consequência disso? A consequência é que não conseguimos sair da zona da ignorância. Em outras palavras, entramos em um ciclo vicioso da ignorância ou da falta de conhecimento, levando-nos a uma superioridade ilusória ou ilusão de conhecimento.

Em um teste de lógica aplicado a pessoas que se voluntariaram pela internet, uma equipe de pesquisadores da Universidade de Colônia, na Alemanha, descobriu que as pessoas que menos pontuaram foram as mesmas pessoas que mais superestimaram o seu desempenho no teste. Essas pessoas acreditaram, em média, que haviam acertado sete dos dez itens, quando, na verdade, o número real de acertos era zero. Esse caso ilustra bem a "dupla maldição": as pessoas que não têm conhecimento ou habilidade para conseguir um bom desempenho também tendem a não ter a capacidade de julgar o próprio desempenho — e tampouco o de outras pessoas.[14]

Foi justamente em razão do efeito Dunning-Kruger que um estudo publicado em 2012, a respeito da bolha financeira de 2008 iniciada nos Estados Unidos, demonstrou que 23% dos estadunidenses entrevistados e que faliram devido a essa crise deram a si mesmos nota máxima a respeito dos seus conhecimentos sobre finanças.[15] E faz todo o sentido: conforme vimos anteriormente, somos ruins em avaliar o nosso próprio conhecimento e comumente superestimamos quanto sabemos.

Você deve estar se perguntando neste exato momento: "Certo, Hendel, obrigado por essas informações. Já entendi. Todos estamos sujeitos a uma superioridade ilusória e a não enxergarmos nossas próprias limitações de conhecimento, como também não percebermos os erros que essas limitações nos causam. Logo, é provável que tomemos decisões e tiremos conclusões equivocadamente. Ou seja, são notícias de fato preocupantes. Mas, afinal de contas, existe algum remédio contra o efeito Dunning-Kruger? Algum antídoto? Ou até mesmo uma cura?". Já adiantando: a cura não existe, mas o antídoto existe, sim.

O antídoto

Já compartilhei no primeiro capítulo que meu pai, o sr. Francisco, é o meu maior exemplo de vida. Não só pelo fato de ele ter começado a trabalhar com nove anos e enfrentado desde menino desafios de gente grande; não só pelo fato de ter conseguido o seu primeiro trabalho com carteira assinada aos catorze anos na fábrica em que meu avô era peão — uma grande conquista para toda a família; não só pelo fato de ele ter construído uma linda carreira ao longo de 45 anos nessa mesma empresa e ter se tornado diretor-geral da América Latina. Ele é meu maior exemplo de vida, também, por causa de um dos grandes legados que deixou para mim e para meus dois irmãos. Esse legado tanto me marcou e me ensinou que, para minha vida e para minha carreira, é o que considero como um verdadeiro antídoto para o efeito Dunning-Kruger.

Lembro-me bem, desde muito pequeno, que meu pai todo dia, por mais tarde que chegasse em casa do trabalho, sempre passava no meu quarto e dos meus irmãos para agradecer a Deus por mais um dia de vida e para Lhe pedir uma coisa. Não era nenhum carro ou uma nova casa, nenhuma viagem ou tampouco videogame ou boas notas na escola (se bem que eu não teria achado má ideia, mas tudo bem). O que ele sempre pedia a Deus, e com muita simplicidade, era algo aparentemente simples: *humildade*. Isso porque ele dizia, com base em um trecho do livro da Bíblia escrito por um rei de Israel, o rei Salomão (considerado o homem mais rico e mais sábio que já passou pela Terra) que "com os humildes está a sabedoria" (Provérbios 11:2).[16] Era essa curiosa virtude que meu pai pedia para si, para mim, para meus irmãos, enfim, para toda a nossa família. Era uma palavra cujo significado, na época, confesso, eu mal entendia.

Sabe o que é mais curioso nessa história toda? Foram tão sábias as palavras do meu pai que, quando cresci e li o best-seller *Empresas feitas para vencer*,[17] escrito por um dos maiores especialistas do mundo em negócios e considerado por diversas pessoas o sucessor de Peter Drucker (o pai da administração): o Jim Collins. Nessa obra interessantíssima, descobri uma incrível coincidência com as palavras do meu pai.

Após estudar os executivos responsáveis pelas empresas que cresceram o triplo da média de seus concorrentes por pelo menos quinze anos, Jim Collins descobriu que existe uma característica em comum entre os líderes que transformaram as empresas "boas" (*good*, em inglês) em "excelentes" (*great*, em inglês), o que explica e embasa o título em inglês de seu livro.[18] E qual é essa característica? O autor afirma que o ingrediente secreto dos melhores líderes não tem nada a ver com sua genialidade, e sim com, pasmem, a humildade. Sim, novamente essa palavra aparece em minha vida. Muitos anos mais tarde, quando li o meu primeiro livro de negócios. Confesso que fiquei maravilhado com essa coincidência.

Mas por que humildade? Essa característica com certeza não é a primeira que vem à nossa mente quando pensamos em grandes líderes ou profissionais, porém é a partir do momento que entendemos o seu significado que essa regra se torna óbvia e incrivelmente poderosa quando é vivida na prática. Por quê? Porque as pessoas humildes estão abertas àquilo que é novo. Sabem escutar. Reconhecem suas falhas e admitem quando não sabem algo. Valorizam diferentes opiniões. São profissionais colaboradores e não exibicionistas. Deixam a "posição" ou "status" de lado e sempre querem aprender, com quem quer que seja, independentemente do grau hierárquico. E mais do que isso, estão sempre dispostos a ajudar. Já dizia Albert Einstein, "quanto maior o conhecimento, menor o ego; quanto maior o ego, menor o conhecimento".

O filósofo Platão, em sua obra *Apologia de Sócrates*, conta que, certa vez, um amigo de seu mestre Sócrates foi até o Oráculo de Delfos a fim de perguntar à sacerdotisa do templo de Apolo, o deus da razão e do conhecimento: "Quem era o homem mais sábio de Atenas?". A sacerdotisa respondeu que o homem mais sábio de Atenas era Sócrates. Quando o seu amigo lhe contou a novidade, Sócrates ficou surpreso e não aceitou a afirmação do Oráculo, pois não acreditava que era sábio.

Anos mais tarde e após muitas reflexões e diálogos com outros pensadores, Sócrates concluiu, então, que era realmente o homem mais sábio de Atenas. Não por saber mais do que os outros, mas por saber que nada sabia. Justamente por isso o filósofo é dono da célebre frase "só sei que nada sei". E o que quis dizer um dos maiores pensadores de todos os tempos com essa afirmação? Que é um ato de grande sabedoria reconhecer a própria ignorância, uma vez que é só a partir desse reconhecimento que podemos começar a expandir nosso conhecimento. Ter ciência das próprias limitações intelectuais é condição básica para desenvolvê-las. Ou, como afirmou o também filósofo e teólogo da Idade Média, Santo Agostinho: "O reconhecimento da própria ignorância é a primeira prova de inteligência".

Dito tudo isso, o antídoto para o efeito Dunning-Kruger e para a superioridade ilusória de conhecimento é, em primeiro lugar, assumir uma postura mais humilde diante das situações que nos acometem diariamente e, em especial, diante das incertezas que temos, mas sem deixar de questionar nossas próprias certezas. Afinal, ninguém é poupado de uma eventual percepção errônea. E, em segundo lugar, o antídoto está relacionado a buscar, de maneira incessante, a ampliação do próprio conhecimento.

"Pessoas humildes são abertas ao novo, sabem escutar e reconhecem suas falhas."

Hendel Favarin

OU VAI, OU VOA

A bula

A palavra "humildade" vem do latim *humilitas* que, por sua vez, é um derivativo de *humus*, que significa terra fértil, ou solo fértil. Humildade é a virtude de que precisamos para conhecer nossas próprias limitações e agir de acordo com essa consciência, e também é um requisito essencial para que não paremos de evoluir. Ela nos faz reconhecer que não sabemos tudo e que, por melhor que sejamos na nossa área de atuação, sempre teremos algo novo a aprender. É terra fértil para o nosso crescimento porque, quando somos pessoas ou profissionais humildes, nos tornamos abertos ao novo, ao diferente, ao contraditório, aos outros — e tudo isso só expande o nosso conhecimento.

Lembro que quando perguntei ao Flávio Augusto, fundador da Wise Up, hoje nosso sócio, sobre qual habilidade ele considera fundamental para um profissional se destacar, independentemente da área de atuação, ele me respondeu: "A principal habilidade em qualquer área é a disposição de aprender, aliada à flexibilidade para mudar e o apetite para crescer. A combinação desses três fatores é explosiva". Para mim, o componente por trás dessa carga explosiva é a humildade. Não existe disposição para aprender, flexibilidade para mudar e apetite para continuar crescendo se não houver humildade. Sem essa virtude é impossível enxergar a importância desses três fatores. Só está disposto a aprender quem reconhece que não sabe tudo. Só está disposto a mudar quem reconhece que pode estar fazendo as coisas de forma errada — ou então que há um modo melhor de executá-las. Só tem apetite para crescer quem reconhece que pode evoluir.

Há, no entanto, um ponto superimportante — e que já vi muitas vezes causar confusão quando converso sobre esse assunto com outros líderes. Humildade muitas vezes é confundida com fraqueza, inferioridade, falta de ambição ou ombros curvados. Por isso, preciso fazer uma distinção importante: existem dois tipos de ego nas pessoas, o ego forte e o ego grande. O ego forte é saudável. É a confiança natural, na medida certa, que todos deveríamos ter e que nos proporciona autoconfiança para lidar com o inusitado e nos deixa desejosos em dar continuidade ao aprendizado. Que nos faz ter a confiança necessária para pedir feedback para um liderado, por exemplo.

É esse tipo de ego que nos dá a exata quantidade de confiança para conseguirmos andar de peito aberto e ouvidos atentos. Do contrário, quando a confiança é excessiva, ela pode impedir que enxerguemos. Nesse caso, de ego forte corremos o risco de passar a um ego grande. O É aquele ego inflado, que de tão "cheio" não dá espaço para ninguém à sua volta. Quem tem esse tipo de ego costuma acreditar que é melhor do que os outros, não gosta de ser questionado e também não ouve a opinião de terceiros, não ouve liderados, não ouve clientes. É o típico e famigerado arrogante.

É uma percepção inflada de si mesmo. É equivalente a arrogância e superioridade.

X

É uma confiança saudável em si mesmo. É reconhecer seus pontos fortes e fracos, crescendo e aprendendo todos os dias.

Sinceramente, acredito que para ser um profissional humilde é preciso ter um ego forte. Aliás, um é completamente interdependente do outro. Afinal, somente quando temos esse tipo de ego é que não nos importamos em não ter todas as respostas. Que não nos importamos em admitir as próprias falhas. Que não nos importamos em ouvir os outros e mudar de opinião. Que não nos importamos em pedir ajuda. Portanto, não é só possível, como também importante, ter ego forte para ser uma pessoa humilde. Inclusive, Jim Collins afirma que os líderes por trás das melhores empresas eram humildes e ambiciosos — ou seja, evidentemente eles tinham um ego forte.

BOX DO JOSEF

Em agosto de 2019, tive uma experiência sobre o poder da humildade, e ela me marcou de modo profundo. Tudo começou quando participei de uma corrida de obstáculos inspirada em treinamentos militares e, durante o percurso, acabei batendo a cabeça com muita força. Na hora quase desmaiei, mas minha vontade de finalizar a prova me fez continuar até o final. Porém, aquele acidente desencadeou dores de cabeça insuportáveis que perduraram por semanas, meses, levando-me a consultar vários especialistas e neurologistas sem, no entanto, encontrar um diagnóstico certeiro para meu problema. Quase seis meses depois, e após diversas terapias sem resultado, decidi buscar e agendar uma consulta com um dos neurologistas mais respeitados do Brasil. O consultório dele ficava no Hospital Sírio-Libanês, em São Paulo. Naquela época, eu morava em

Curitiba. Ainda assim, pela gravidade dos meus sintomas e pela fama que ele tinha, resolvi ir até lá. Detalhe: ele era extremamente reconhecido no Brasil e no mundo pelo seu conhecimento na área e, justamente por isso, eu nunca tinha visto nada parecido com o valor que ele cobrava pela consulta.

Bom, e lá fomos nós. Como minha esposa estava grávida na época, o Hendel me acompanhou na consulta (sim, esse é o tipo de amizade que temos).

O médico, com uma postura serena e atenciosa, ouviu em detalhes a descrição de todos os meus sintomas e do meu histórico médico. Pela fama que tinha, confesso que esperava de alguma forma um certo grau de arrogância ou soberba. Porém, me enganei completamente. Foi o exato contrário. Diante de nós, enquanto ele ouvia com uma expressão bem serena todos os meus sintomas, foi abrindo vários livros médicos na mesa, ao mesmo tempo que abriu o Google e realizou várias pesquisas, alternando entre a leitura de vários artigos científicos. Seu silêncio concentrado conforme pesquisava era uma demonstração de comprometimento na busca de correlacionar todos os sintomas e sua possível causa. Ao fim de praticamente trinta minutos de muita leitura, ele chegou a um diagnóstico preciso, guiando-me por fim ao tratamento ideal que acabou com as todas minhas dores.

Essa experiência nos marcou, em razão da humildade do médico a ponto de ele não se importar em ter a resposta pronta. Ele sustentou uma postura que eu nunca tinha presenciado antes em um médico. E não quero dizer aqui que todo médico precisa pesquisar na frente do

> seu paciente. É óbvio que não. O que quero valorizar é a atitude de um dos maiores neurologistas do Brasil de reconhecer que o diagnóstico não precisava sair unicamente do conhecimento dele, e sim da combinação e do auxílio do conhecimento de outros especialistas, autores de livros e de artigos científicos. E esse é o diferencial de quem tem como virtude a humildade: o ego é tão forte a ponto de questionar a si mesmo e ser curioso pelo conhecimento mais puro.

Em um mundo tão incerto e de tantas mudanças, essa virtude se torna uma joia ainda mais preciosa. A humildade é uma força adaptativa. Ela nos torna pessoas mais flexíveis, ágeis e colaborativas. Inclusive, é sobre ela que Steve Jobs se referia quando concluiu o seu famoso discurso para os formandos da Universidade de Stanford e pronunciou a sua célebre frase "stay hungry, stay foolish".[19] *Hungry* significa faminto. Steve, portanto, incentivou todos a se manterem famintos por conhecimento, por vida. *Foolish*, por sua vez, significa "bobo, ingênuo". Será que, ao elaborar essa frase, ele queria que quem a ouvisse permanecesse "bobo, ingênuo"? Não. Aqui, Steve fez um apelo para que ninguém se leve tão a sério a ponto de achar que não pode aprender mais ou mudar alguma crença estabelecida.

Por fim, gostaria de finalizar esse princípio com um momento de reflexão, para que você jamais seja o tipo de profissional que, sob o efeito do fenômeno Dunning-Kruger, é incapaz de enxergar suas incapacidades e, por ignorância ou arrogância, deixa de aprender. Trazendo para sua realidade, para o seu contexto, para o seu dia a dia, onde é que você acredita que está sendo prejudicado — ou prejudicando alguém, por causa desse efeito? Quais decisões você tomou nos últimos tempos na carreira ou na empresa que, possivelmente, se tivesse mais conhecimento ou ouvisse mais as pessoas ao seu redor, teria mais chance de acertar e de conquistar melhores resultados? Quando foi a última vez que você conversou com o seu líder, ou até mesmo seu par ou liderado, a respeito do seu trabalho e de seus pontos de melhoria? Ou quando você perguntou para seus pais, seu cônjuge ou até mesmo seu filho: de que forma poderia ser uma pessoa melhor para eles? Na sua atual posição, quão mais especialista na sua área de conhecimento você poderia ser? Quando foi a última vez que se dedicou intensamente a aprender um novo conhecimento? Ou melhor: quanto tempo você tem gasto por semana para se dedicar a aprender alguma coisa nova?

Se você só leu e não respondeu a essas perguntas (nem que seja apenas mentalmente), recomendo de todo o coração que você volte algumas casas. Caso tenha respondido, jamais esqueça que ninguém é poupado do efeito Dunning-Kruguer e que esse fenômeno pode prejudicar o crescimento profissional em qualquer carreira. Afinal, quando achamos que sabemos muito, tendemos a não buscar conhecimento — e essa ilusão é bem perigosa para nossa carreira. Por essa razão, tenha sempre em mente o antídoto e lembre-se: "Com os humildes está a sabedoria". É somente com uma postura humilde ante o conhecido e o desconhecido que a chama pela busca por conhecimento permanecerá acesa.

Não é por acaso que o maior investidor do mundo, Warren Buffett, que há dez anos está listado entre os cinco homens mais ricos do planeta, afirmou que "o melhor investimento que você pode fazer é em você mesmo. Se você aumentar o seu conhecimento, não vão poder cobrar imposto sobre isso. A inflação não pode tirar isso de você. Você terá isso pelo resto da sua vida".[20]

Seja insaciável por conhecimento. Aprenda, desaprenda, aprenda novamente. Conhecimento é a arma mais poderosa para mudar resultados, mudar vidas, mudar histórias. E, para isso acontecer, a humildade é a sua melhor aliada. Esse efeito é muito comum no mercado de trabalho. Infelizmente, muitas vezes, os que menos sabem sobre um assunto são os que mais falam e os que menos escutam. Sob o efeito do fenômeno, esses profissionais são incapazes de enxergar suas incapacidades e, por causa da arrogância — ou da ignorância —, acabam tomando decisões equivocadas, constroem falsas verdades e não escutam nada que os contrarie. Quando líderes, acabam ditando ordens e apontando direções sem sequer buscar conhecimento ou ouvir quem está à sua volta. A verdade é que ninguém é poupado desse efeito e, para qualquer carreira, esse fenômeno pode ser muito perigoso e prejudicar — muito — o crescimento profissional.

#PuloDoGato

Vamos combater o efeito Dunning-Kruger? Construir uma carreira impactante requer o desenvolvimento de habilidades relevantes e a quebra de barreiras mentais que limitem sua mudança.

Segundo a consultoria Deloitte, 72% dos executivos indicam que a capacidade dos colaboradores de se adaptar, requalificar e assumir novas funções é uma das habilidades mais importantes para atravessar momentos de transformações.[21] Na mesma linha, segundo uma pesquisa da Korn Ferry, uma empresa global de consultoria organizacional, profissionais com alta agilidade de aprendizado são promovidos duas vezes mais rápido que os seus pares, e companhias que contam com executivos com a habilidade de aprendizado elevada apresentam lucratividade 25% maior que seus concorrentes.[22]

Não à toa, o Fórum Econômico Mundial listou a capacidade adaptativa e a flexibilidade como algumas das principais características para o futuro — que já se tornou o presente — do trabalho.[23]

Foi pensando nisso que eu e o Josef desenvolvemos, junto ao time da Conquer, um Mapa de Carreira com 38 pontos de avaliação e nove dicas práticas para ajudar você na organização das suas ideias e para evitar a autopercepção errônea causada pelo efeito Dunning-Kruger na sua vida e na sua carreira — além do mais, essa ferramenta auxiliará você a ter insights valiosos, ajudando na tomada de decisões para que chegue aonde quiser.

 Mapa de carreira.

Princípio n. 2:
Entenda tudo sobre pessoas — e sobre quem está do outro lado do espelho também

O tronco e os galhos

A maioria dos cursos de graduação e pós-graduação tem em comum um problema grave que me dá fortes argumentos para afirmar que eles falharam com você. Esse problema dificulta bastante o crescimento profissional para quem o ignora, mas pode dar confiança e oportunidades para quem o soluciona. Do que estou falando? Antes de contar, peço que responda a essa pergunta rápida: o que vem antes em uma árvore, os galhos ou o tronco? Fácil, não é? O tronco. Porque, sem tronco, não existem galhos. Você precisou de menos de meio segundo para responder a essa pergunta. É interessante o fato de que, se demorou menos de meio segundo para responder, o sistema educacional tradicional ainda não conseguiu acertar, mesmo depois de centenas de anos.

Vamos aos fatos. Temos escolas aqui desde que Pedro Álvares Cabral chegou ao Brasil. Faculdades, desde 1808. E ainda insistimos neste erro simples — mas que possui consequências desastrosas: desenvolver os galhos antes do tronco. Como assim? Durante todo o período acadêmico focamos em aprender apenas habilidades técnicas.

Mas o que seriam essas habilidades técnicas? Tratam-se de habilidades específicas de uma determinada área, voltadas para solucionar um problema e realizar atividades dentro dessa mesma área. E qual é o problema de aprender habilidades técnicas? Nenhum. O problema não é esse. O problema é outro: aprender apenas habilidades técnicas.

Como já mencionei anteriormente, segundo um estudo encomendado pela Dell Technologies ao Institute for the Future (IFTF) realizado com 3,8 mil líderes de médias e grandes corporações em dezessete países, incluindo o Brasil, estima-se que 85% dos trabalhos/funções profissionais que existirão em 2030 ainda não foram criados.[24] Prevendo esse mesmo futuro, a diretora do Fórum Econômico Mundial, Saadia Zahidi, escreveu em um artigo intitulado "We need a global reskilling revolution — and here's why" ("Precisamos de uma revolução global de requalificação — e aqui está o porquê", em tradução literal) que, devido às transformações dos empregos ocasionadas pelas tecnologias da Quarta Revolução Industrial, precisaremos requalificar mais de um bilhão de pessoas até 2030.[25]

E quais são os motivos dessa requalificação emergencial? Eu dividiria em dois: primeiro, as habilidades técnicas estão ficando obsoletas com rapidez cada vez maior, por causa das mudanças ocasionadas pela Era Digital; segundo, funções que exigem apenas perícia técnica estão sendo, a cada dia que passa, mais bem executadas por máquinas e robôs. Logo, não faz sentido focar apenas em desenvolver esse conjunto de habilidades. Ao contrário, precisamos com urgência trazer a luz para um ponto ignorado pelo ensino tradicional e que, sem sombra de dúvida, precisa ser dominado por todos os que querem crescer no âmbito profissional. Inclusive, você vai perceber que a maioria dos profissionais que admiramos prospera, em grande parte, por causa desse "tronco" ou desse "ingrediente secreto" que quero trazer à tona.

Já ouviu falar nas core skills ou first-layer skills (em português, "habilidades essenciais" ou "habilidades de primeira camada")? Provavelmente não, e tudo bem se nunca tiver ouvido falar nelas. No entanto, você com certeza já ouviu falar no termo soft skills, que significa a mesma coisa. Particularmente, prefiro as duas primeiras expressões, porque carregam no nome o peso e a atenção que essas habilidades merecem, ao passo que a tradução literal de soft skill ("habilidade suave, leve") pode levar o leitor na direção oposta. Chamo-as de habilidades essenciais ou habilidades de primeira camada (HPC) porque são como um tronco na árvore do desenvolvimento profissional. Já as habilidades técnicas (ou hard skills) são os galhos. Portanto, ter as habilidades essenciais (ou de primeira camada) bem desenvolvidas é como possuir um tronco forte, é como ter uma base sólida para o desenvolvimento de qualquer galho — qualquer habilidade técnica — de forma muito mais consistente.

Isso ocorre porque as habilidades de primeira camada (HPC) têm quatro características marcantes: são alavancadas, transferíveis, perpétuas e imutáveis. Acompanhe a explicação a seguir.

1. Alavancadas: pontos de alavanca são locais (físicos ou imaginários) em que uma pequena diferença em uma das pontas leva a uma grande diferença no fim delas. Por exemplo, se você fica apenas um pouco melhor em ser mais produtivo, você pode ter resultados muito melho-

res em todos os aspectos da sua vida. Resumindo: pouco esforço pode gerar muito resultado.

2. Transferíveis: você pode transferir as HPCs para qualquer outra habilidade. Por exemplo, se você se comunica bem, você consegue transferir essa habilidade para vendas, para negociações, para relacionamentos e por aí vai.

3. Perpétuas: comunicar-se bem ou saber como liderar equipes era importante 2 mil anos atrás, ainda é fundamental hoje e vai continuar sendo no futuro, uma vez que, mesmo com a entrada de robôs no mercado de trabalho, as relações humanas ainda continuarão a existir. E onde há relações humanas, há necessidade de comunicação assertiva e de liderança.

4. Imutáveis: sua essência nunca muda e provavelmente nunca vai mudar. Ser mais produtivo é ser mais eficaz durante o tempo. Vender é convencer pessoas. Comunicar-se de modo assertivo é saber se fazer entendido. Liderar é influenciar e engajar pessoas. Novas técnicas para melhorar o desempenho dessas habilidades podem até surgir, mas a essência do que elas representam não muda se a tecnologia avançar.

De forma bem sucinta, é o tronco quem potencializa os galhos. Faça chuva ou faça sol, surjam tempestades e vendavais, passem anos ou décadas, o tronco continua ali. Já os galhos mudam: podem secar, podem cair e podem nascer novos. Traçando um paralelo com o mercado de trabalho, é exatamente isso que acontece com nossa carreira. Provavelmente mudaremos de função, de profissão e de emprego ao longo da vida; nosso conhecimento ficará desatualizado e vamos aprender novos conteúdos. Tudo isso repetidas vezes.

Características das habilidades de primeira camada

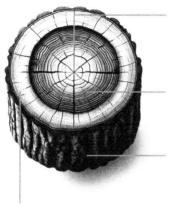

ALAVANCADAS:
um pequeno esforço pode gerar muito resultado. Se você fica um pouco mais produtivo no trabalho, tem resultados em outras áreas da sua vida.

TRANSFERÍVEIS:
por exemplo, se você se comunica bem, consegue transferir essa habilidade para vendas, relacionamentos e muito mais.

IMUTÁVEIS:
novas técnicas podem surgir, mas sua essência nunca muda. Ser produtivo é ter uma boa gestão de tempo. Vender é convencer. Liderar é influenciar e engajar.

PERPÉTUAS:
comunicar-se bem ou liderar equipes era importante há 2 mil anos, ainda é fundamental hoje e será essencial no futuro.

A única coisa que não vai mudar e que sempre vai potencializar as habilidades técnicas (galhos) são as habilidades de primeira camada (nosso "tronco"). Por mais que a tecnologia assuma um papel cada vez mais relevante no mercado de trabalho e até "quebre" muitos galhos, ela jamais conseguirá ocupar o papel do tronco. Esse papel é exclusivamente nosso. Exclusivamente humano.

As habilidades de primeira camada (HPC)

Já falamos sobre o conceito das HPCs, mas, afinal de contas, o que e quais são essas habilidades do "tronco"? Como podem impactar o nosso dia a dia? Vamos lá. As HPCs têm a ver com a relação e interação com outras pessoas. São habilidades comportamentais, mentais, emocionais ou sociais. Ou seja, são habilidades que dizem respeito aos seres humanos. Nossa espécie já as usa há milhares de anos, muitas vezes por instinto, contudo, agora, mais do que nunca, precisamos delas para enfrentar os desafios profissionais da melhor maneira possível. Para tangibilizar as HPCs, gosto do estudo da consultoria Deloitte, que traz à tona as habilidades profissionais necessárias para a Quarta Revolução Industrial por meio da divisão entre quatro grupos principais:[26]

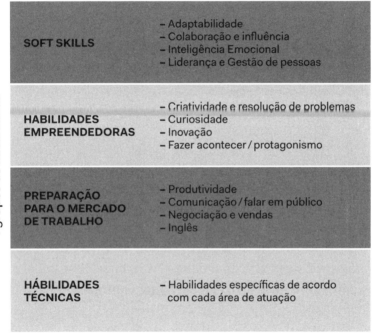

E quais delas seriam as habilidades de primeira camada, que deveriam compor o tronco de todo profissional? As habilidades dos três primeiros grupos. Note que essas habilidades não têm correlação específica com determinada profissão, são habilidades mais "genéricas". Ao mesmo tempo, são habilidades que, se dominadas, contribuem para potencializar resultados em qualquer área de atuação.

Perceba que essas serão as habilidades que mais farão a diferença hoje, daqui a dez anos ou daqui a duzentos anos. Quanto maior a presença da tecnologia e da IA (inteligência artificial), nosso maior diferencial vai ser nossa capacidade de sermos humanos. Paradoxalmente, há 2 mil anos, no Império Romano ou na Grécia Antiga, também eram essas habilidades que mais faziam as pessoas se destacarem.

Darei um exemplo e para isso quero lhe fazer algumas perguntas. Pensando em um profissional da área de engenharia que atua no mercado de trabalho em uma construtora, quão mais bem-sucedido você acredita que ele seria se, além de bom conhecedor de cálculos, também fosse um excelente líder e soubesse fazer uma boa gestão de pessoas? Se soubesse como engajar o time e fazer uma boa gestão para resultados? Se soubesse como se comunicar de forma mais assertiva e com mais influência? Ou negociar melhor? Se tivesse aprendido as melhores práticas de resolução de problemas e como lidar com a pressão e o estresse do dia a dia?

Acha que tais habilidades favoreceriam ou prejudicariam a carreira do profissional? Não tenho dúvida que o engenheiro ou engenheira em questão seria uma pessoa muito mais realizada e com mais conquistas profissionais caso dominasse todas essas HPCs. Estenda esse raciocínio para toda e qualquer profissão e me responda: essas não são habilidades que contribuem para o crescimento profissional em qualquer área de atuação?

Com base nesse simples exemplo, é possível enxergar por que o ensino tradicional falhou conosco: aprendemos tudo sobre o galho e nada sobre o tronco. Em outras palavras, não aprendemos nada sobre HPCs ou as habilidades humanas. Logo, pela falta de conhecimento e sob o efeito Dunning-Kruger, não conseguimos enxergar uma das maiores obviedades sobre o mundo dos negócios: "100% dos clientes são pessoas, e 100% dos colaboradores são pessoas. Se você não entende de pessoas, você não entende de negócios".[27]

Essa frase é de autoria de Simon Sinek, uma das maiores referências em liderança e negócios da atualidade, e merece ser afixada sobre a porta principal de toda instituição de ensino e também de toda empresa. Afinal, não aprendemos ou simplesmente nos esquecemos de que tudo diz respeito às pessoas. Vender, negociar, liderar, comunicar, influenciar, colaborar: todas essas habilidades essenciais dizem respeito à interação entre seres humanos. Quando dominamos as HPCs, estamos, na verdade, dominando as habilidades humanas — que fazem parte do "tronco".

Por isso, é muito triste analisar a grade curricular de faculdades, pós ou MBAs, e perceber que 99% dos conteúdos são técnicos (o galho), e apenas 1% tem correlação com conteúdos socioemocionais (o tronco), mesmo em um cenário em que o mercado de trabalho as tem valorizado cada vez mais. Para ser exato, de acordo com a pesquisa "Global Talent Trends", do LinkedIn, 80% dos profissionais entrevistados afirmaram que as soft skills são cada vez mais importantes para o sucesso de uma companhia: "As soft skills sempre foram importantes e são cada vez mais vitais hoje. O surgimento da automação e da inteligência

"100% dos clientes são pessoas, e 100% dos colaboradores são pessoas. Se você não entende de pessoas, você não entende de negócios."

Simon Sinek

OU VAI, OU VOA

artificial significa que as hard skills por si só não são mais suficientes para se ter sucesso profissional".[28]

Não é à toa que as HPCs têm ganhado tanto peso no momento da contratação e demissão, conforme uma pesquisa do LinkedIn demonstrou:

Fonte: Global Talent Trends – LinkedIn.

Isso explica por que hoje tantas pessoas estão vivendo a síndrome de Tom & Jerry: perdidas, estagnadas ou vivendo abaixo dos resultados que poderiam atingir. Afinal, nunca ninguém lhes contou que, por trás de todo negócio, todo time ou todo cliente, existem pessoas. E se não entendermos tudo sobre pessoas, não entenderemos nada sobre negócios — e tampouco sobre nós mesmos. Como disse Ben Horowitz, um dos nomes mais respeitados do Vale do Silício: "Cuide das pessoas, dos produtos e dos lucros. Nessa ordem".[29]

Talvez você esteja pensando que é exagero ou puro altruísmo. Mas acredite: não é nada disso. Citando aqui um

"Cuide das pessoas, dos produtos e dos lucros. Nessa ordem."

Ben Horowitz

OU VAI, OU VOA

exemplo clássico de mercado, é muito comum promover a uma posição de liderança um bom profissional técnico (galho) e não incentivar ou dar treinamento sobre liderança (tronco). Isso é simplesmente inacreditável, pois decidir quem ocupará uma posição de liderança é uma das decisões mais importantes em uma empresa. Ainda assim, segundo uma pesquisa da Gallup, empresa estadunidense de pesquisa de opinião, descobriu-se que as organizações falham nessa tomada de decisão em 82% das vezes.[30] É incalculável o tamanho das perdas financeira e psicológica com erros do tipo.

Para se tornar um bom engenheiro, é preciso estudar. Para se tornar um bom economista, é preciso estudar. Para se tornar um bom médico, também é preciso estudar. Agora, para se tornar um bom líder, presume-se que o conhecimento técnico da área seja suficiente. E qual é o resultado disso? No mínimo, muito perigoso. Pessoas ocupando cargos de liderança e que sabem pouco ou quase nada sobre o principal ativo de qualquer companhia: as próprias pessoas.

Segundo a *Harvard Business Review*,[31] 75% dos funcionários afirmam que seu superior imediato constitui a pior parte de seu trabalho e 65% aceitaria um corte de salário se o seu chefe fosse substituído por um melhor. Talvez você esteja pensando neste exato momento que isso não importa ou que isso não impacta os resultados da organização. É uma tremenda enganação. Segundo a Gallup, 70% do nível de engajamento dos colaboradores é atribuído à qualidade do líder[32] — e colaboradores engajados e motivados falam abertamente sobre dificuldades, são 21% mais produtivos e as empresas são em média 22% mais lucrativas.[33] É impressionante o que o domínio de uma única soft skill — a liderança — reflete em termos de resultados em uma organização.

A verdade é que focar em desenvolver as habilidades do "tronco" corresponde a focar em resultados práticos, eficazes e duradouros. Não sou só eu, o Josef ou o Flávio Augusto que acreditamos nisso. Em pouco mais de sete anos de vida da Conquer, mais de 5 milhões de alunos em mais de 110 países acreditam e por isso realizaram algum curso conosco. Líderes e RHs de milhares de empresas e startups também acreditam e por isso confiam e contratam nossos programas de treinamento e consultoria para fazer crescer os seus negócios mediante o desenvolvimento das HPCs em seus times. E aqui estamos falando de empresas que são destaque no mercado que atuam, como Ambev, Vale, L'Oréal, iFood, Stone, Rede Globo, Grupo Boticário, Google, Nike, Votorantim, entre muitas outras.

Essa lista é a prova definitiva de que focar em pessoas é importante para todo tipo de organização, não importando o seu tamanho ou o seu segmento de atuação. Como disse sabiamente Jorge Paulo Lemann — brasileiro à frente da maior cervejaria do mundo, a Ab InBev, e sócio do 3G Capital, que é controlador do Burger King e Kraft-Heinz: "Nosso negócio não é cerveja, nem hambúrguer ou ketchup, é gente". Esse é o segredo do sucesso: pessoas.

O espelho

Doze de março de 2020 — uma amarga quinta-feira. Lembro-me dessa data como se fosse ontem. Eu estava em Miami, nos Estados Unidos, de férias com minha esposa e aproveitando para fazer o enxoval para o nosso primeiro filho, o Enrico, que estava a poucos meses de nascer. Nesse dia, eu e minha esposa resolvemos não sair do hotel. Na verdade, saímos apenas para comprar comida em algum supermercado. E, acredite, que experiência marcante. Nós nos sentimos dentro de um filme ou de um seriado ao melhor estilo *The Walking Dead*. Os supermercados ou estavam lotados, com filas enormes e pessoas brigando por garrafas de água, ou estavam vazios, com as prateleiras sem nenhum produto. Nessa data, o rumor da "chegada" do vírus SARS-CoV-2 (covid-19) no continente norte-americano havia tomado uma proporção monstruosa e o medo começava a tomar conta de todos.

No início daquela tarde, eu e meus sócios nos reunimos para uma reunião de emergência. Precisávamos conversar com urgência sobre os possíveis impactos do vírus na operação da Conquer, bem como definir os principais planos de ação. Naquele período estávamos com 150 turmas (todas presenciais) em andamento espalhadas pelas nossas oito unidades por todo o Brasil e atendendo aproximadamente 2 mil alunos, além de todas as turmas dos nossos programas corporativos — nesse período ainda éramos uma rede de escolas 100% presenciais.

Aquela reunião foi recheada de tensão. Tanto eu como meus sócios já não estávamos tranquilos nos últimos dias. Pressentíamos que algo ruim estava por vir, mas não imaginávamos que a onda seria tão rápida ou tão forte, tal como ficou evidente que seria naquele fatídico 12 de março. Apesar da seriedade e importância da conversa, a reunião não durou mais do que trinta minutos. Tínhamos muita clareza e estávamos alinhados sobre quais deveriam ser os primeiros passos para combater o início da crise em formação. Nossa pauta focou em dois pontos principais:

como cuidaríamos do nosso time e como cuidaríamos dos nossos alunos.

O primeiro passo foi liberar nosso time para trabalhar remotamente e fazer a mudança de todas as turmas presenciais para o formato on-line. Graças ao comprometimento extremo e à união do nosso time, fizemos a mudança em tempo recorde: em apenas 72 horas todas as nossas 150 turmas estavam operando no modelo 100% on-line e ao vivo. Foi um esforço homérico e muito ágil de todo o time responsável pela experiência do aluno em sincronia com o time de metodologia. E o melhor: conseguimos manter a avaliação média de 97% e conseguimos surpreender centenas de pessoas que não acreditavam que conseguiríamos manter o DNA Conquer no método on-line.

Na semana seguinte, enfim, já estava no Brasil de novo. Confesso que eu e minha esposa não víamos a hora de voltar. A situação estava se agravando. A boa notícia é que todos os nossos esforços para manter os alunos e continuar proporcionando uma experiência única de educação funcionaram muito bem. Foi um grande sucesso, e a paixão do nosso time nos encheu de orgulho. Foi tudo feito com muita agilidade e, o mais importante, com muita qualidade. Ainda assim, todo aquele esforço era apenas o começo de uma ampla jornada. O desafio estava apenas no início. Como negócio, além de focar em preservar a receita, precisávamos focar em gerar novas fontes de receita — tudo isso em meio a um mar (ou um tsunami) de incertezas.

Depois de concluirmos o primeiro passo, definimos o segundo: lançar dez novos cursos no formato on-line gravado — algo que nunca havíamos feito. Nossos cursos até então eram todos presenciais, com apenas uma ou outra aula on-line. Um curso 100% gravado era algo inédito e, dadas as condições, bastante desafiador, pois precisávamos ser extremamente ágeis sem, em hipótese alguma, abrir mão da qualidade.

Consideramos que essa era a melhor estratégia por dois motivos: com um curso gravado, poderíamos continuar gerando receita — um aspecto essencial, pois nosso time é composto por centenas de pessoas que poderiam ser afetadas caso os resultados caíssem. O segundo motivo é que poderíamos disponibilizar os cursos com um valor de investimento mais acessível para os alunos — investimento que casava perfeitamente com o momento de crise.

Apesar de isso tudo fazer muito sentido, em dado momento resolvemos abrir mão da estratégia inicial que havíamos desenhado. Compartilharei o porquê. Na ocasião, sentíamos na pele o sofrimento e a angústia de amigos, familiares e alunos. O medo e a angústia gerados pela enorme quantidade de demissões pelo mundo, por negócios beirando a falência e famílias sem poder mais conviver socialmente estavam gerando um estresse psicológico imenso. E isso além do medo de perder entes queridos e a própria vida para uma doença que ninguém compreendia direito até então. Era mesmo um momento muito difícil para todos. E como se tornar mais forte em um momento como aquele?

Tínhamos a solução dentro de casa. Tínhamos algo que poderia impactar positivamente as pessoas que tiveram a oportunidade de permanecer em casa naquele momento e que desejavam empregar o tempo disponível em alavancar a carreira. Poderíamos ter pensado primeiro em nós, no faturamento da nossa empresa, que era muito importante e essencial naquele momento de grandes incertezas. Mas não pensamos duas vezes. Nosso propósito falou mais alto. Na verdade, não apenas falou, e sim *gritou*. E todo o nosso time comprou a briga. Por isso a gente decidiu lutar uma guerra invisível e, indo completamente contra o senso comum, decidimos arcar com os custos de liberar o acesso gratuito ao curso mais buscado naquele momento, que era o nosso curso de Inteligência Emocional. Sim, quando mais precisávamos de recursos, resolvemos fazer o maior investimento da história da Conquer, e essa foi uma decisão muito acertada.

Talvez você esteja se perguntando: por que liberar a gratuidade no curso mais vendido em plena crise econômica? Essa pergunta faz todo o sentido. Fomos chamados de loucos por isso, inclusive. Mas responder a essa pergunta é fácil: nossa missão como escola de negócios sempre foi fazer a diferença para valer na vida profissional dos alunos. Nascemos para transformar carreiras e negócios. Nascemos para ajudar os alunos a atingirem todo o seu potencial e evoluírem em direção aos seus sonhos. E, naquele difícil momento, buscamos em nosso propósito a resposta para como deveríamos agir. E, quando você age com propósito, com verdade, seja na vida pessoal ou profissional, as coisas tendem a fluir de modo positivo.

O desenrolar dessa história foi surpreendente. O vídeo mais importante que a Conquer já produziu — feito de forma bem amadora, sem nenhuma grande produção — informando que o curso de Inteligência Emocional estava disponível de forma gratuita, viralizou. Formou-se uma corrente do bem que nos deixou de queixo caído. Imaginávamos nos nossos melhores sonhos, vinte ou trinta mil inscritos. Porém, em apenas duas semanas, mais de meio milhão de pessoas em mais de oitenta países se inscreveram no curso. Centenas de milhares de pessoas tiveram acesso a um conteúdo extremamente relevante e transformador, que elas sequer imaginavam existir. E os feedbacks foram fantásticos, de arrepiar. Dê uma olhada em algumas das declarações que recebemos nas nossas redes sociais:

Depoimentos Conquer

O impacto foi tão massivo na vida das pessoas que a Conquer entrou para uma seleta lista das cem marcas mais lembradas pelos brasileiros em tempos de covid-19 — a única marca de educação e a marca mais jovem da lista (com três anos e meio de vida, na ocasião), ficando apenas duas posições atrás da Apple. Sim, nem nós conseguíamos acreditar.

Apesar de ter sido um ano muito desafiador, 2020 foi um ano em que a escola chamou enorme atenção de toda a mídia nacional pelo modo como enfrentamos a crise — e todo o crescimento subsequente. Ganharam os holofotes: a rápida digitalização da escola, a transformação do formato presencial para o formato on-line e o salto de 35 mil alunos (ao longo de três anos e meio de vida) para mais de um milhão de alunos em oitenta países ao longo dos primeiros meses da pandemia.

Inclusive, justamente por tudo isso viramos estudo de caso e nossa história foi abordada em um documentário chamado *Meteoro em curso* no MeuSucesso.com — uma plataforma digital com produções cinematográficas que conta as melhores histórias de empreendedorismo brasileiro por intermédio de belíssimos estudos de caso. Não preciso nem dizer o tamanho da alegria e da honra que eu e meus sócios sentimos quando fomos convidados, em 2021, a integrar essa lista seleta ao lado de nomes notáveis como Caito Maia (Chilli Beans), Renata Vichi (Kopenhagen), João Appolinário (Polishop), Alexandre Costa (Cacau Show), Orizes Silva (Embraer), entre muitos outros. Inclusive, preparamos para você, querida leitora e querido leitor, que deseja conhecer mais detalhes da nossa história, uma versão resumida do nosso estudo de caso que você poderá ter acesso através do QR Code a seguir:

Estudo de caso: Meteoro em curso.

Por que você acha que contei essa história dentro deste capítulo, em que os holofotes todos direcionam para as HPCs? Não contei tudo isso apenas para compartilhar um sentimento de muita alegria, honra e orgulho que sinto, como o pai orgulhoso de um filho que ajudou tantas pessoas. Contei essa história porque é um absurdo o fato de o ensino tradicional deixar de lado uma habilidade que não só poderia ter feito toda a diferença na vida de centenas de milhões de pessoas na maior crise da História moderna, mas também que poderia fazer toda a diferença diariamente.

Os números não mentem: inteligência emocional é uma habilidade que, segundo a Talent Smart,[34] corresponde (em tempos normais) a 58% do desempenho profissional de qualquer indivíduo. Uma habilidade que, segundo a CareerBuilder,[35] 71% dos profissionais de RH valorizam mais do que o próprio QI. Ou, segundo a Page Personnel,[36] uma habilidade cuja falta é, hoje, responsável por cerca de 90% dos casos de demissão.

Você provavelmente já entendeu por que precisa dessa habilidade, mas será que sabe de verdade o que é *inteligência emocional*?

Desenvolver essa inteligência aumenta seu autoconhecimento, sua autoconfiança e também lhe traz mais nitidez para tomada de decisões. Isso melhora a maneira de lidar com as situações de crise, pressão e estresse presentes na vida de todos nós, bem como fortalece sua capacidade de adaptação e resiliência — uma das características mais importantes do mundo atual. Não quero dizer que você deixará de enfrentar situações ou sentimentos difíceis, isso é impossível e inevitável. Porém, você aprenderá a reagir a eles de uma maneira melhor, o que, com toda a certeza, fará uma diferença enorme na sua vida.

#PuloDoGato

O termo se popularizou em 1995, com o livro homônimo de Daniel Goleman,[37] em que o autor afirmou que o quociente emocional representa 80% das aptidões necessárias para se tornar uma pessoa bem-sucedida. Inclusive, se tiver curiosidade, compartilho abaixo um teste de inteligência emocional que desenvolvemos dentro da Conquer, ao qual todos os nossos alunos têm acesso, para que você também tenha a oportunidade de identificar o seu nível de inteligência emocional.

Pilares da inteligência emocional.

O resultado desse teste lhe mostrará quais são os seus pontos fortes e quais são os pontos que você ainda deve desenvolver. E é exatamente esse o ponto mais importante quando falamos de inteligência emocional: *conhecer-se*. Essa habilidade tem o poder de colocar diante de você um espelho intelectual, permitindo que se conheça de verdade. Isso, além de extraordinário, também deveria ser básico. O primeiro passo de qualquer pessoa ou profissional. Como John Lennon disse certa vez: "Se o homem buscasse conhecer-se a si mesmo em primeiro lugar, metade dos problemas do mundo estaria resolvida".

Levamos a vida e trilhamos nossa carreira como se fôssemos um jogador de futebol que não sabe se é destro ou canhoto, se é zagueiro ou atacante. É mais um absurdo de um sistema educacional falido. Vou além: quando conhecemos a nós mesmos de verdade, tudo à nossa volta flui melhor. Passamos não só a entender como funcionamos, mas também o modo como as pessoas ao nosso redor funcionam. É um efeito dominó, no melhor dos sentidos; até mesmo para encontrar o seu propósito, conforme falaremos no próximo capítulo, *conhecer-se é primordial*.

Não quero dizer aqui que, dentre todas as HPCs, a inteligência emocional é a mais importante. Nada disso. Todas são importantes. Foi inclusive o que eu quis demonstrar no início deste capítulo. O que busco demonstrar ao relatar nossa história da virada de chave da Conquer durante a pandemia e a liberação do curso gratuito de inteligência emocional são duas coisas. Em primeiro lugar, conhecer-se é fundamental. O que sinto é como se tivéssemos vindo para este mundo sem ler nosso próprio manual de instruções. Aprendemos a decorar o manual de instruções de um milhão de itens diferentes e os quais jamais vamos utilizar, mas ninguém nos ensina sobre o nosso próprio manual de instruções. Imagine só como teríamos uma vida muito melhor, com muito menos estresse, menos ansiedade, depressão, enfim, com muito mais saúde mental, se tivéssemos aprendido inteligência emocional desde pequenos. Sem exagero, viveríamos em um mundo muito melhor.

Em segundo lugar, há o fato de que desenvolver apenas uma HPC ou soft skill já pode mudar a sua vida — seja a inteligência emocional, a liderança ou a habilidade de comunicação. Afinal, 90% do tempo em que estamos acordados, estamos nos comunicando — seja de maneira verbal ou não verbal. Não é à toa que Warren Buffett certa vez afirmou que o seu melhor investimento de vida foi um curso de oratória, que o ajudou a desenvolver toda a sua carreira no mundo financeiro e dos negócios. Prova disso é que, no seu escritório, você não vai encontrar o seu diploma de bacharel ou o de mestre pela Universidade Columbia. Na parede, está o certificado do curso de oratória.[38]

É evidente que, se apenas uma HPC pode fazer a diferença, imagine se você desenvolvesse todas elas? Convenhamos: desenvolver apenas uma não é inteligente. Pior do que a ignorância é conhecer a verdade e permanecer inerte a respeito dela. Por isso, a partir de agora, seja incansável na busca pelo entendimento sobre as pessoas e também sobre quem está do outro lado do espelho. Sim. Você, *my friend*.

Lembre-se: o "tronco" bem desenvolvido irá potencializar qualquer "galho". Por fim, deixo aqui mais uma vez a frase do Simon Sinek. Ela mudou a minha vida, mudou a minha visão sobre negócios e mudou os meus resultados. Inclusive, de tão valiosa que é, é a única frase que ouso repetir duas vezes neste livro.

BOX DJ JOSEF

Depois da leitura desse princípio em que o Hendel fala tão bem sobre a importância da HPC, você talvez esteja se perguntando: "Será que tudo isso é real?", "será que a Conquer é tudo isso que falam?", ou melhor: "Será que pode funcionar pra mim?".

Desde a fundação da Conquer, uma pergunta sempre me intrigou: como medir de maneira efetiva o impacto do nosso ensino? Em produtos diversos, benefícios comprovados cientificamente são destacados com frequência. É aquele xampu que promete "deixar os cabelos três vezes mais ondulados" ou o sabão em pó que afirma que as "roupas ficam cinco vezes mais brancas". Mas esse padrão raras vezes é visto na educação. Finalmente encontrei a resposta para essa lacuna durante uma de minhas três estadias em Harvard, em que pude observar a abordagem inovadora usada ali: estatísticas detalhadas sobre ex-alunos, incluindo dados sobre remuneração média, empregabilidade e retorno sobre investimento.

Depois de compartilhar essa experiência com o Hendel e com o Flávio, tomamos a decisão audaciosa de contratar o Datacenso, um dos mais prestigiados institutos de pesquisa do Brasil, a fim de avaliar o impacto de nossos cursos na vida financeira dos nossos alunos um ano após a conclusão deles. Afinal, crescimento profissional só é crescimento profissional se, no fim do dia, impactar o bolso dos nossos alunos.

O estudo não apenas confirmou, mas também revelou resultados surpreendentes: até a data de conclusão da pesquisa, geramos **1,12 bilhão de reais** em aumento de remuneração para nossos alunos. Sim, é isso mesmo que você leu. Em apenas sete anos, geramos tamanha e absurda transformação na vida e na carreira dos nossos alunos, que o aumento salarial só foi uma consequência óbvia.

E em apenas um ano, tivemos um **retorno sobre investimento médio de sete vezes** — um desempenho que supera qualquer alternativa no mercado financeiro. Sabe as corretoras de investimento? Elas deveriam indicar um curso na Conquer como o melhor investimento. Brincadeiras (ou verdades) à parte, essa pesquisa foi um impressionante ato de coragem da nossa parte. E sabe por quê?

Porque enquanto muitas instituições de ensino tradicionais permanecem distantes das demandas reais do mercado de trabalho, a Conquer deu um passo ousado, desafiando de verdade o status quo que estava cansando a todos.

E sabe o que é mais curioso? Anos depois da realização dessa pesquisa pioneira no Brasil, ainda somos a única instituição educacional do país a empreender um estudo desse tipo. Por que será que as outras instituições não realizam pesquisas assim? Será a falta de confiança nos resultados que seus cursos podem oferecer?

Para nós, da Conquer, o compromisso com os alunos vem em primeiro lugar. E isso significa compromisso com o tempo deles, com a confiança que depositam em nós, com a qualidade e com o poder de transformação dos resultados que entregamos. Foi por isso que nascemos. E é justamente tudo isso que permanece como o nosso norte, guiando todas as ações e inovações da Conquer.

#ImpactoConquer

5 milhões de alunos
em 7 anos

mais de
1 bilhão de retorno gerado em **aumento de remuneração** para os alunos

89% consideram **importante ou muito importante** o conhecimento adquirido com a Conquer

78,6% notaram **crescimento profissional** após iniciarem um curso na Conquer

97% de avaliação média das aulas

Pesquisa realizada pelo Grupo Datacenso.

Princípio n. 3:
A excelência é vizinha do propósito

Propósito em primeiro lugar na fila

A vida é, de forma simples, o movimento de um ponto para a chegada até outro. Você está no ponto A e deseja chegar ao ponto B — seja no trabalho, na saúde física, em algum conhecimento ou nas suas finanças. É provável que esse ponto B vire C, D, E, F ao longo da jornada. Mas isso não importa. O que importa é que a vida é esse movimento, de onde você está e aonde deseja chegar. Para chegar a esse seu destino existem basicamente cinco fatores envolvidos: visão, tempo, trabalho, resiliência e propósito.

1. Visão, porque você precisa escolher o seu destino — ninguém consegue escolher por você. E quem não tem meta não vive, e sim sobrevive.
2. Tempo, porque grandes realizações não acontecem da noite para o dia. Você não consegue simplesmente aparecer do nada nesse destino — é preciso paciência para chegar lá.
3. Trabalho, porque você precisa construir a chegada até esse destino — para todo objetivo traçado há sempre uma boa dose de trabalho para torná-lo real.

4. Resiliência, porque a estrada rumo aos seus objetivos dificilmente será uma linha reta e tranquila — haverá solavancos, buracos, desvios, trânsito e você precisará resistir caso queira alcançá-los.
5. Propósito, porque seu destino final precisa, de um modo ou de outro, fazer sentido para você.

Você talvez esteja pensando: "Certo, Hendel, concordo com você nos quatro primeiro fatores, mas por que o propósito é importante? E se eu não souber o meu, o que eu faço?". Antes de responder a essas perguntas, vamos falar sobre o significado da palavra e sua importância para nós, seres humanos.

Uma das definições de que mais gosto, por sua simplicidade e objetividade, é a do professor, escritor e filósofo Mario Sergio Cortella, que afirma que propósito é a intenção por trás daquilo que se busca. Quando ajo com propósito, ajo com uma intenção por trás. Nesse sentido, uma vida com propósito é aquela em que consigo entender as razões pelas quais faço o que faço e, em contrapartida, entendo também por que deixo de fazer aquilo que não faço.[39]

Como as empresas são feitas de pessoas, a palavra "propósito" também invadiu as organizações. O livro de Daniel H. Pink, *Motivação 3.0*,[40] traz uma abordagem interessante sobre a evolução da motivação humana ao longo do tempo para a realização pessoal e profissional.

A Motivação 1.0 percebia o homem como ser unicamente biológico, lutando pela sobrevivência. A busca por comida, água e abrigo, representação clássica da Era Agrícola, era o fator motivacional dos humanos séculos atrás.

No entanto, com o nascimento da industrialização, ou da Era Industrial, esse cenário sofreu algumas mudanças e assim nasceu um novo fator motivacional para a produção. A Motivação 2.0 presume que os humanos reagem a basicamente dois fatores em seu meio ambiente: recompensas e punições. É a lógica do chicote e da cenoura: caso as metas sejam alcançadas, haverá recompensa (cenoura); caso não sejam, haverá punição (chicote). Dentro dessa lógica, o trabalhador ou luta para obter a recompensa ou então luta para não ser punido.

Já na Motivação 3.0, o ser humano não é tratado de forma meramente biológica, mas como um ser social, racional e autônomo com o desejo de aprender, criar e melhorar o mundo. Essa nova abordagem, condizente com a Era Digital, possui três elementos essenciais, todos reflexos de uma força intrínseca ao ser humano: autonomia, excelência e propósito. Essa nova forma de motivação reflete com perfeição a receita ideal de todo profissional (e de toda empresa) para se manter competitivo no mercado de trabalho extremamente dinâmico em que vivemos hoje.

Prova disso é que, de acordo com uma pesquisa realizada pela Korn Ferry, empresas cujos colaboradores estão alinhados com o propósito de suas organizações têm taxas de crescimento anual praticamente três vezes maiores que a taxa anual de empresas do mesmo segmento. Ainda, a mesma pesquisa apontou que 90% das pessoas que trabalham em uma organização com bastante senso de propósito disseram que se sentem mais engajadas. Em contrapartida, em empresas cujo propósito fica em segundo plano, apenas 32% dos funcionários comentaram ter o sentimento de envolvimento e conexão com as atividades que estavam realizando.[41]

Um propósito bem definido gera resultados positivos incontestáveis na performance de uma pessoa ou empresa.

Trata-se de um traço comum dos melhores líderes e empresas. Porém, talvez agora você se pergunte: e se eu não souber o meu propósito ou por que faço o que faço, o que acontece? Se eu não souber por que levanto da cama todos os dias pela manhã? Se eu me sinto perdido na minha profissão, no cargo que ocupo ou até mesmo na empresa em que trabalho, o que devo fazer? Calma, isso não é o fim do mundo. Quanto a isso, tenho duas notícias para você. Uma boa e outra que considero ainda melhor. A boa é que todo mundo tem um propósito. A melhor é que o seu propósito não cairá de paraquedas: ele deverá ser conquistado.

Propósito em último lugar na fila

O famoso discurso do Steve Jobs para um grupo de formandos da Universidade de Stanford em 2005 é icônico. Marcou, inclusive, a minha vida. Para quem não viu ainda, veja. Vale a pena. Nele, o fundador da Apple compartilha três histórias da sua vida. Uma delas, sobre ligar os pontos, compartilharei agora. A mãe biológica de Steve era uma jovem solteira de origem simples que decidiu entregar o seu filho para a adoção. Ela queria muito que ele fosse adotado por pessoas que tivessem curso superior. Entretanto, os candidatos à adoção não tinham formação: a potencial mãe adotiva de Steve nunca tinha se formado na faculdade e o potencial pai adotivo não tinha completado nem ao menos o ensino médio.

Ciente disso, a mãe biológica se recusou a assinar os papéis da adoção. Ela só aceitou fazê-lo meses mais tarde, quando os pais de Steve prometeram que algum dia ele iria para a faculdade. E, dezessete anos mais tarde, ele de fato foi para a faculdade. Entretanto, Steve não terminou

"Não existe vento favorável para o marinheiro que não sabe aonde ir."

Sêneca

OU VAI, OU VOA

o curso porque todas as economias da família seriam gastas em sua educação — algo em que ele não conseguia ver valor. Ele disse: "Foi muito assustador naquela época, mas, olhando para trás, foi uma das melhores decisões que já tomei. No minuto que larguei a universidade, pude parar de assistir às matérias obrigatórias que não me interessavam e comecei a frequentar aquelas que pareciam interessantes".

Uma dessas matérias foi um curso de caligrafia que, apesar de parecer não fazer muito sentido ou ter uma aplicação imediata em sua vida naquele momento, mostrou-se fundamental quando, dez anos depois, Steve desenvolveu o primeiro computador Macintosh.

Segundo o fundador da Apple, "foi o primeiro computador com tipografia bonita. Se eu tivesse deixado aquele curso na faculdade, o Mac nunca teria tido as fontes múltiplas ou proporcionalmente espaçadas. E, considerando que o Windows simplesmente copiou o Mac, é bem provável que nenhum computador as tivesse".

Se ele não tivesse largado o curso, nunca teria frequentado as aulas de caligrafia e provavelmente os computadores da Apple não teriam a charmosa caligrafia que lhes é característica. É claro que seria impossível conectar esses fatos na época em que ele estava na faculdade. Para isso, seria necessário enxergar o futuro. Porém, em retrospecto, o valor daquela experiência ficou muito evidente dez anos depois. Tudo se conectou. Nas palavras do próprio Steve: "Não se consegue conectar os fatos olhando para a frente. Só dá para conectá-los quando se olha para trás. Então é preciso acreditar que, de algum modo, eles vão se conectar no futuro. Essa maneira de encarar a vida nunca me decepcionou e tem feito toda a diferença para mim".[42]

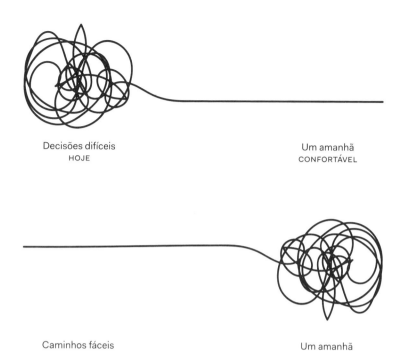

Decisões difíceis
HOJE

Um amanhã
CONFORTÁVEL

Caminhos fáceis
HOJE

Um amanhã
DIFÍCIL

O que podemos aprender com essa belíssima história de Steve Jobs? Primeiro, que só é possível conectar os pontos olhando para trás, nunca para a frente. Lembro como se fosse ontem o dia em que pedi demissão da PwC. Era uma sexta, fim de tarde. Embarriguei aquele momento ao longo de toda a semana. Estava extremamente nervoso e ansioso com a conversa prestes a acontecer. Não só pelo fato de ter de compartilhar aquela decisão com uma profissional a quem eu admirava muito lá dentro — minha líder direta, mas, acima de tudo, pela grande mudança de rumo que minha vida iria tomar.

Lembro muito bem que, assim que entramos em uma sala de reunião, compartilhei com ela a decisão e o motivo que me levou àquela decisão. Enquanto eu falava, minha líder intercalava as expressões em seu rosto entre surpresa e tristeza. Foi completamente intimidador; minutos pareceram horas. Depois que terminei de falar, ela me perguntou, depois de respirar fundo, com um tom bem afirmativo e pessimista, e já com os olhos marejados: "Você é louco, Hendel. Abrir mão de tudo que você já construiu aqui dentro. E se o aplicativo para restaurantes não der certo? O que você vai fazer da vida?".

Naquela ocasião, a pergunta me assustou. Não lembro qual exatamente foi a minha resposta. Só me lembro de ter gaguejado muito e fugido da pergunta. Afinal, fazer dar certo na época era minha única opção. Não poderia existir alternativa a isso. Hoje, porém, penso de maneira diferente. Penso que não teria problema se as coisas não tivessem dado certo como eu esperava. Isso ocorre porque percebi, ao longo dos anos, que foi em meio às maiores dificuldades que recebi os maiores e mais valiosos aprendizados, bem como que tudo, absolutamente tudo, de uma forma ou de outra se conectou ou se encaixou.

Graças às minhas primeiras experiências profissionais, aprendi a vender. Graças à habilidade comercial, o Almoça cresceu para mais de oito cidades no país. Graças a essa expansão, contratei a Vindi como solução de pagamentos on-line. Graças à excelente experiência como cliente da Vindi e toda a bagagem acumulada como vendedor e administrador, me tornei responsável pela expansão nacional off-line da fintech. Por fim, somente graças a todas essas experiências juntas e acumuladas eu e meus sócios pudemos enxergar a necessidade de a Conquer existir.

Na época, para ser sincero, nada disso tudo fazia sentido ou se conectava. Eu simplesmente abraçava as oportunidades. Encarava de peito aberto todos os desafios, mesmo sem ter ideia de qual era o meu propósito. No entanto, todas essas experiências, apesar de eu não sabê-lo na época, estavam construindo os alicerces de quem sou hoje. Olhando para trás, aprendi que o invisível é o que produz o visível, que são justamente os amontoados de experiências e aprendizados — que à primeira vista parecem desconexos — que lá na frente produzirão um novo "eu", e com clareza de propósito.

Como disse Steve Jobs, é impossível sabermos como um ponto criado hoje irá se conectar com outro lá na frente. A nós cabe, então, a tarefa de criar esses pontos para que, no futuro, se conectem. Dessa forma, não importa se você sabe ou não qual é o seu propósito. Independentemente disso, você pode, de modo intencional, criar seus pontos no espaço. E o que isso significa, na prática? Significa enfrentar novos desafios, assumir novos projetos, novas responsabilidades, abraçar o novo, aprender novos conhecimentos, fazer coisas diferentes, mergulhar em novos hobbies para que, no futuro, todos esses pontos se conectem, e assim consigam formar novas pontes, as quais poderão levar você em direção ao seu propósito.

E para que você consiga criar esses pontos, é preciso começar a explorar o que é desconhecido — só assim o desconhecido se tornará conhecido. "Hendel, como assim?". O caos é a nova ordem para evoluir e se tornar cada vez mais forte. "Hendel, e o medo do desconhecido?". Obviamente, é importante ter coragem. Ou seja, agir apesar do medo. O seu medo de ficar estagnado deve ser maior do que o seu medo de tentar algo novo. Somente assim será possível criar pontos no seu "quadro em branco" da vida e, com isso, terá o que conectar lá na frente.

É claro que esse processo não será confortável — mas entre conforto e evolução, o que você prefere? Os dois, não é? Pois então, para que tenha mais conforto no futuro, é imprescindível evoluir no presente. E a evolução nunca vem quando estamos deitados na rede bebendo uma taça de margarita. Pelo contrário, ela vem quando estamos ralando, nos esforçando e abdicando de prazeres momentâneos para alcançar algo que consideramos ter mais valor. Segundo Nassim Nicholas Taleb — professor de riscos da Universidade de Nova York e um dos maiores nomes do mercado financeiro —, não devemos evitar o desconhecido, a desordem ou até mesmo o estresse.[43] Esquivar-se disso tudo e se proteger de dificuldades ou mudanças bruscas pode parecer um caminho seguro, mas não é a melhor opção para quem deseja aprender e evoluir. E todo mundo consegue pensar e agir assim? Claro que não. O desconhecido é caótico e assusta a maioria das pessoas.

Mas é preciso ter em mente que o sucesso é paradoxal. Quanto mais você fugir do desconforto, mais difícil sua vida se tornará. Por outro lado, quanto mais coisas difíceis fizer hoje, mais fácil sua vida se tornará.

A partir do momento que você enxergar cada desafio ou dificuldade — por mais aleatórios que possam parecer naquele momento — como acontecimentos que têm o poder de ajudá-lo a criar pontos na sua vida, você passa também a usá-los de forma intencional para que no futuro possa ligar tais pontos e construir as pontes necessárias para chegar ao seu propósito.

Afinal, propósito não diz respeito a um evento único ou a um momento "eureca" em que uma lâmpada acende dentro da sua cabeça. Pelo contrário, encontrar o seu propósito de vida é um processo de exploração e conquista. Você precisa começar agora para o encontrar no futuro. É, sem dúvidas, um processo introspectivo, mas, acima de tudo experimental.

Decodificando o propósito

Já falamos sobre a importância do propósito e os benefícios que ele pode trazer, como também que não há problema algum se hoje você não souber qual é o seu propósito. Isso é normal, faz parte do processo. Em determinado momento da vida, após você ter se exposto, experimentado e realizado muito, você com certeza conquistará o seu propósito. Ele ficará nítido para você.

Por isso, agora, preciso trazer luz a algumas confusões e mentiras sobre esse tema, que podem atrapalhar o processo de conquista do seu propósito. E, assim, torço para que, ao finalizar este capítulo, um tema tão importante como o propósito deixe de ser um tabu ou algo inalcançável para se tornar algo palpável e que faça sentido. Somente assim, a busca pelo seu propósito será um processo consciente e estimulante. Aliás, talvez você descubra agora que até já o tenha conquistado — e apenas não o enxergue com clareza Vejamos a seguir um pouco mais sobre o assunto.

Não é romântico

Muitas pessoas vinculam propósito a ações românticas e nobres que estão muito distantes de sua realidade. Salvar a floresta amazônica, levar água potável para regiões de seca, fazer trabalho voluntário. Ter propósito não significa necessariamente esse tipo de coisa. A questão não é essa. Quando vinculamos propósito apenas a ações distantes da nossa realidade, corremos o risco da estagnação, permanecendo à espera de algo, ou até mesmo corremos o risco de nos tornarmos pessoas frustradas. Sim, infelizmente a falta de propósito vira um prato cheio para muita gente que tem preguiça de plantar e vive sempre à espera da situação ideal — a empresa ideal, o trabalho ideal, o chefe ideal — para enfim viver um propósito que nem mesmo a pessoa sabe ao certo qual é. E qual é a consequência disso? Essas pessoas não constroem nada, nenhum ponto que se conecte no futuro.

Como já falei neste capítulo, no mínimo construa pontos. Não importa se você é apaixonado pelo processo da construção deles. Construa-os. Só assim você terá o que conectar no futuro.

Não são só alegrias

A afirmação "faça o que ama e você nunca terá de trabalhar um dia na vida" é mais um conto de fadas. Provavelmente uma armadilha implantada por livros de autoajuda e de coaches que nunca foram bem-sucedidos no mercado corporativo ou com suas empresas e querem ditar um regime utópico na vida de outras pessoas, um regime que eles mesmos nunca viveram. Fazem tudo pelas vendas, mesmo que isso inclua usar argumentos inválidos.

Certa vez eu estava em São Paulo e marquei um papo com um dos nossos professores de Liderança e Gestão de Pessoas, o Marcelo Bittencourt. O Marcelo, além de um grande profissional, é uma pessoa que tenho o privilégio

"O seu propósito está onde estiver a sua excelência."

Hendel Favarin

OU VAI, OU VOA

de chamar de amigo. Nessa ocasião, nosso encontro aconteceu dentro do escritório da Red Bull Brasil — companhia em que Marcelo é um dos diretores. A conversa foi incrível, e um dos temas sobre os quais falamos foi justamente o propósito. Segundo o Marcelo,

> o propósito serve para lembrar que você tem um propósito. Parece redundante, mas você vai entender. O dia a dia de qualquer trabalho é tão duro, tão desafiador, com um monte de coisas chatas que fazem parte do processo, mas que são inevitáveis. Então, se não tiver propósito, você corre o risco de parar no meio do caminho.

Ou seja, o "por que" até pode ser lindo, mas o "como" (o dia a dia para viver o seu propósito) em geral é bem difícil. Ele continua:

> O que é inaceitável, e ao mesmo tempo muito triste, é perceber uma confusão que existe sobre o tema. Já vi muitos jovens talentos se recusando a certos tipos de atividade ou desafios "porque isso não faz parte do meu propósito". E, compreendendo a fundo a frustração daquele profissional, você descobre a raiz do problema: uma idealização utópica de um trabalho romantizado.

O Marcelo ainda compartilhou comigo um pouco da experiência de sua esposa:

> Ela trabalhou doze anos na Ambev e agora está na PepsiCo. É muito pragmática, a ponto de falar que não está preocupada se gosta ou não do que está fazendo. Ao contrário, ela

está preocupada se é o certo ou o errado e, sobretudo, se é importante. Afinal, o que é importante precisa ser feito, e com certeza vai fazer bem a quem está à sua volta ou à empresa. Ou seja, você pode não gostar, mas precisa ser feito. Ponto-final. A partir do momento em que é muito bem-feito, com qualidade e excelência, você corre seriamente o risco de encontrar (conquistar) o seu propósito.

BOX DO JOSEF

Entre 2021 e 2022, ocorreu um fenômeno conhecido como *great resignation* ("grande renúncia", em tradução livre), caracterizado por um número expressivo de profissionais que optaram por deixar seus empregos em busca de propósito. No entanto, essa tendência desencadeou uma consequência inesperada, conhecida como "grande arrependimento". Preste atenção a ela. Pesquisas, incluindo o relatório de mercado de trabalho da Paychex, apontaram que até 80% dos funcionários que se demitiram nesse período lamentaram a decisão, com a Geração z sendo a mais afetada pelo arrependimento. Muitos deles não conseguiram se reposicionar no mercado e entraram em sérias crises financeiras.[44]

Esses dados sugerem uma reflexão profunda sobre as escolhas de carreira e os desafios enfrentados na busca por um equilíbrio entre satisfação profissional e pessoal. E esse princípio nasceu justamente com o objetivo de decodificar uma das palavras mais mencionadas no mercado de trabalho, para ajudar você a ajustar as expectativas certas e a fazer as perguntas certas — e parar de viver em cima das respostas erradas. Afinal, se a expectativa foi coerente (e não utópica), a frustração não existirá.

Assim, uma quantidade maior de pessoas perceberá o verdadeiro valor do seu trabalho — por mais árduo que seja o processo — e enxergará a beleza na finalidade dele. "Como assim Josef?". Gosto de comparar questões como carreira, propósito e felicidade com a vida de um atleta: cheia de sacrifícios, dores, dedicação extrema, conflitos, emoções, mas também com muito propósito e realização pessoal. O processo é necessário e, na maioria das vezes, doloroso, independentemente da profissão.

Paradoxalmente, as pessoas costumam desejar o pódio e amar as medalhas ("o porquê"), mas não querem passar pelo árduo processo para chegar lá ("o como"). Doce ilusão.

Tem a ver com excelência

As questões que abordamos neste capítulo podem ser como um horizonte totalmente novo se abrindo para você. Por que digo isso? Porque o seu propósito pode estar bem na sua frente.

Quantas vezes já ouvi de amigos e colegas: "Não consigo encontrar ou aplicar o meu propósito porque sou bancário, contador, vendedor de roupas etc.". Essa visão está completamente equivocada. O seu propósito está aonde estiver a sua excelência — assim como muito bem disse a esposa do Marcelo. O seu propósito pode estar naquela sua capacidade única de entregar determinados resultados e impactar de maneira positiva a vida de quem os recebe.

"Só vive o propósito quem suporta o processo."

Hendel Favarin

OU VAI, OU VOA

Tem a ver com fortalezas

Você gostaria de ter Steve Jobs como atacante no seu time de futebol? Ou Albert Einstein na área jurídica da sua empresa? Ou Luiza Trajano na sua equipe de programadores? É provável que a resposta para todas essas perguntas seja não. O motivo é simples e óbvio: apesar de eles serem profissionais reconhecidamente brilhantes, isso não os torna bons em tudo. Assim como todos os seres humanos, eles possuem suas fortalezas e suas fraquezas — e o cenário obviamente ideal é que, no âmbito profissional, sejam aproveitadas as fortalezas de cada um, ou seja, aquilo que cada pessoa tem de melhor a oferecer, e não suas fraquezas.

Infelizmente, porém, ao longo de nossa vida estudantil fomos incentivados a dar atenção especial às nossas fraquezas ao invés de às nossas fortalezas. Se você tirasse uma nota quatro em física, por exemplo, precisaria estudar intensamente aquela matéria para recuperar a nota e ficar pelo menos na média — mesmo que não gostasse do tema. Porém, ao contrário, se tirasse uma bela nota dez em português e adorasse a matéria, ninguém o incentivava a estudar mais para, quem sabe, se tornar o próximo Machado de Assis ou a próxima Clarice Lispector.

Carregamos essa filosofia de vida para nossa carreira. Quantas vezes nos julgamos mal pela falta de capacidade de realizar determinadas tarefas ou de executar determinados trabalhos? Quantas vezes nos esforçamos horrores para que nos tornemos medianos em certa fraqueza, enquanto poderíamos usar aquele tempo para focar em melhorar uma habilidade em que somos reconhecidamente bons e que, se o fizéssemos, nos tornaríamos excelentes de maneira muito mais rápida e prazerosa?

"Não podemos julgar um peixe pela sua habilidade de subir em árvores."

Josef Rubin

OU VAI, OU VOA

A grande verdade é que a partir do momento em que foca em maximizar as suas fortalezas, você caminha em direção a atingir um alto grau de excelência naquilo. E a excelência é vizinha do propósito.

Por ora, uma última recomendação

Em geral, os elogios que você recebe, seja em casa, no trabalho, do seu líder ou de seus amigos, estão atrelados às suas fortalezas, aos seus pontos fortes, que são aquilo que você faz melhor do que ninguém. Aquilo que você faz muito bem e o torna único. Aquilo que você se sente realizado ao fazer e consegue enxergar o bem que faz às pessoas ao seu redor. Parece até uma descrição do significado de "propósito", não é? Pois é: excelência em algo e propósito são, como eu disse, vizinhos. Estão lado a lado.

"Excelência em algo e propósito são vizinhos. Estão lado a lado."

Hendel Favarin

OU VAI, OU VOA

#PuloDoGato

Por isso, caso você nunca tenha conseguido enxergar o seu propósito, gostaria de propor um desafio simples, mas que pode trazer muita nitidez a respeito do seu propósito. Vamos lá?

Aja!

Ter um *porquê* é, sem dúvidas, muito bom. Mas jamais pode ser um impeditivo ou desculpa para você deixar de agir, deixar de evoluir ou deixar de tentar dar o seu melhor. Como disse Salomão, "quem fica olhando o vento jamais semeará, quem fica olhando as nuvens jamais ceifará".[45]

"Talvez você não tenha encontrado o seu 'porquê' justamente porque tem feito e experimentado muito menos do que deveria. À espera de 'se encontrar' para então agir, quando, na verdade, você deveria agir para 'se encontrar'."

Hendel Favarin

OU VAI, OU VOA

E digo mais: talvez você não tenha encontrado o seu "porquê" justamente porque tem feito e experimentado muito menos do que deveria. À espera de "se encontrar" para então agir, quando, na verdade, você deveria agir para "se encontrar". Lembrando que é o mergulho no desconhecido que vai ajudar você a construir os pontos que, no futuro, poderá conectar. Por fim, mesmo quando tiver conquistado o seu "porquê", que costuma estar atrelado às suas fortalezas, não se iluda achando que o "como" será fácil.

"Mesmo quando você tiver conquistado o seu 'porquê', não se iluda achando que o 'como' será fácil."

Hendel Favarin

OU VAI, OU VOA

Princípio n. 4:
É preciso ter coragem para tomar decisões difíceis — e uma metodologia também

Uma decisão pode mudar tudo

Já parou para pensar sobre quantas decisões toma por dia? Segundo uma curiosa pesquisa sobre tomada de decisões, um adulto faz uma decisão a cada 2,46 segundos, em média, o que resulta em 35 mil decisões por dia. São decisões de todos os tipos: o que comer, o que assistir, o que vestir, o que dizer, qual caminho seguir para ir a um local, qual é a melhor decisão estratégica para a empresa, entre outras. Esse número pode parecer exagerado, mas para você ter uma ideia, só com comida, fazemos cerca de 220 decisões diariamente.[46] Desse amontoado, 95% delas são realizadas no piloto automático, ou seja, são resoluções inconscientes. Evidentemente, elas são importantes, não é sobre esse tipo de decisão que pretendo falar agora.

Neste momento, quero falar sobre as decisões que tiram o nosso sono. Que nos deixam inseguros. Que nos dão medo. Que representam um desafio. Que podem mudar os resultados da empresa. Que podem mudar a nossa carreira. Que podem mudar a nossa vida. Vou dar alguns exemplos para ficar mais evidente de qual tipo de decisão pretendo falar: mudar ou não de profissão, pedir ou não demissão, tirar ou não uma ideia do papel, contratar ou não mais pessoas, fechar ou manter uma unidade de negócio, lançar ou não um novo produto, qual projeto seguir adiante, qual a melhor decisão estratégica para a empresa, qual deve ser o próximo passo da carreira, aceitar ou não um novo desafio profissional. Basicamente, decisões para superar um obstáculo, decisões para corrigir problemas ou decisões para aproveitar oportunidades. Definições sobre cujos resultados não temos certeza.

Esse tipo de decisão é, sem dúvidas, extremamente importante, pois o que somos hoje é, em boa parte, o acúmulo das nossas definições passadas, bem como o que seremos amanhã será, também em boa parte, fruto das nossas resoluções atuais. Cada decisão é, portanto, uma semente que plantamos em nossas vidas: elas podem gerar frutos maravilhosos ou frutos medíocres.

Apesar disso, é inacreditável que nunca tenhamos aprendido uma estratégia, uma metodologia ou um simples bê-a-bá que nos auxilie a tomar melhores decisões. Inclusive, a primeira definição crítica que deveríamos fazer é justamente estabelecer o nosso modelo ideal para fazer decisões mais assertivas. Afinal de contas, nossas vidas e o mercado de trabalho são extremamente complexos. Parece muito mais com um jogo de xadrez do que com um jogo de damas, tendo sempre espaço para mais uma jogada, por mais que ela não seja óbvia. Logo, tomar decisões apenas com base em impulso ou emoções, sem uma estratégia racional mínima, pode acarretar muitos problemas e até gerar efeitos contrários aos pretendidos. Aliás, não só a nós, mas a centenas de pessoas, quando as decisões são de âmbito empresarial e não apenas pessoal.

Justamente por isso, ao longo da minha carreira desenvolvi uma metodologia de tomada de decisões. É evidente que, ainda assim, tomei (e continuo tomando) decisões erradas. Contudo, essa metodologia me ajuda a acertar muito mais do que errar. Ela me ajuda a ter mais nitidez e tranquilidade para dizer "sim", bem como para dizer "não" quando necessário e, sobretudo, me ajuda a conciliar minhas emoções, instintos e lógica. É uma metodologia composta por três regras. Ah, pode chamar de metodologia, framework, estratégia ou do que quiser — não importa.

As três regras

Minha metodologia de tomada de decisão em três regras:

Regra 1 — Jamais decida pelo que é mais fácil: consequência primária *versus* secundária

Toda decisão que tomamos, das mais banais às mais importantes, tem uma consequência primária e uma consequência secundária. A primária está no presente e conseguimos percebê-la no momento; a secundária está no futuro e apenas é possível imaginá-la. Ambas, porém, são inevitáveis. Para ficar mais nítido, vou citar alguns exemplos: A prática de exercícios físicos exige um esforço imediato no presente para que seja realizada, mas a prática constante leva a um aumento de qualidade de vida e bem-estar no futuro. A consequência primária pode ser desconfortável; a secundária, prazerosa. Aceitar um novo desafio profissional pode privar você de algumas horas à noite e talvez aumentar a carga de estresse durante certo período, mas você se tornará um profissional mais qualificado no futuro. A consequência primária é desconfortável; a secundária, desejável.

A verdade é que as melhores consequências secundárias tendem a ter uma consequência primária desafiadora e desconfortável. Por esse motivo, muitas pessoas acabam vivendo em uma bolha da mesmice e ficam estagnadas. Evoluir dói. Não evoluir, porém, dói mais. A questão que fica é: qual dor você vai escolher?

Olhando para trás, sem sombra de dúvidas, as conquistas que mais me dão orgulho (consequência secundária) foram as que mais me custaram no início (consequência primária). Quando conheci a Andressa, minha esposa, aos dezessete anos de idade, me lembro muito bem de como foi difícil superar a barreira do medo e criar coragem para falar com ela. Foi extremamente desconfortável, deu muito frio na barriga, quase me rendi ao aparente conforto de não agir. Se meus pensamentos tivessem focado no resultado imediato, eu jamais teria tido coragem para agir e, consequentemente, não teria a conhecido.

Isso vale também para quando resolvi empreender. Segundo Elon Musk, empreender é como "mastigar vidro e encarar o abismo", pois é preciso alta tolerância à dor para dar esse passo e se aventurar em uma jornada repleta de incertezas. Apesar de eu nunca ter mastigado vidro, concordo com a definição. De fato, é muito desafiador. Ainda assim, apesar de uma consequência primária extremamente desconfortável e repleta de riscos, posso dizer que valeu a pena ter ido em frente e enfrentado o abismo. As pessoas que conheci ao longo da jornada, as experiências que tive, as oportunidades que se abriram e, sobretudo, os milhões de vidas impactadas graças à revolução no mercado de trabalho brasileiro que estamos causando por meio da educação me dão a certeza de que valeu a pena a decisão de deixar minha antiga carreira para trás e me aventurar em uma nova e desconhecida jornada.

Particularmente, gosto muito dessa regra porque ela me ajuda, em especial, a tomar decisões que não são prazerosas no momento, mas que são importantes para a construção do futuro que desejo. Ela me ajuda a resistir à tentação de decidir por algo que gere gratificação instantânea e me dá força para tomar decisões que, mesmo não sendo atrativas no presente, me farão melhor no futuro.

Abdicar dos prazeres imediatos em prol do que você acredita que será melhor lá na frente certamente não é fácil, mas sempre vale a pena. Hoje em dia vemos uma idolatria do presente, com mantras como "viva o agora", "viva como se não houvesse amanhã". Muito cuidado. Estatisticamente, a probabilidade é que você esteja vivo amanhã, logo, se quiser viver apenas em função do prazer do agora, é possível que deixe de viver algo muito melhor e maior no futuro. Dito isso, jamais esqueça: a vida não é apenas o agora. Ela é o amanhã também — e depois. E, se deseja que seu amanhã seja melhor, essa construção precisa começar hoje.

Por isso, diante de todas as decisões que precisem ser tomadas, pese e pondere as consequências primárias em comparação às secundárias. Somente assim você fará uma escolha de fato consciente a respeito dos impactos que tais definições causarão em sua vida.

Jamais decida pelo que é mais fácil: consequência primária vs. secundária.

Consequência primária	Consequência secundária
Ação no presente	Resultado no futuro
Desconfortável	Prazerosa, desejável

Para desfrutar da consequência secundária, é necessário passar pela primária, exemplo:

— Consequência secundária: qualificação, maior experiência profissional, aumento de salário, qualidade de vida, bem-estar etc.
— Consequência primária: horas de trabalho e estudo, aumento da carga de estresse, "correr riscos", aprimoramento de habilidades técnicas e comportamentais etc.

BOX DO JOSEF

 Na minha vida descobri que uma decisão inegociável e que deve ser sustentada diariamente é a *disciplina*. Sim, a disciplina não é uma característica: é uma decisão. E por qual motivo ela é tão importante? Primeiro, porque a disciplina é a mãe de todas as habilidades. Você aprenderá um novo esporte apenas se for disciplinado, assim como para ter êxito na dieta ou se tornar habilidoso em alguma coisa. Isso porque quando começamos algo novo, é evidente que não seremos bons naquilo. Aliás, ninguém é bom naquilo que faz pouco. E qual é o caminho da excelência? A disciplina. Ela é capaz de guiar a lugares aos quais o talento jamais guiará.

A disciplina faz você escolher o certo, e não o mais fácil. Ela ajuda você a sacrificar os desejos de curto prazo por sonhos grandes. Ela o incentiva a priorizar seus objetivos em vez de seu estado de ânimo do dia. É ela que o auxilia a executar mil vezes a mesma tarefa, e não mil tarefas diferentes.

Por outro lado, caso não escolha o caminho da disciplina, você se tornará refém de seu humor, de seu ânimo ao acordar no dia, de variadas emoções ou até mesmo da sorte para cumprir o que precisa ser feito. E, logicamente, esse caminho não o levará a bons lugares, porque nossas emoções oscilam, são inconstantes.

Algo que me chamou muito a atenção foi um conteúdo que Cesar Cielo, brilhante nadador e campeão olímpico, compartilhou em sua aula de Alta Performance dentro do nosso curso de Produtividade e Gestão do Tempo: tudo a ver com a Regra 1 que o Hendel acabou de compartilhar e está cem por cento conectada à disciplina.

Cielo afirmou que é fundamental sempre conversarmos com os nossos pensamentos, e não apenas ouvi-los. Como assim? Quando acordo cedo para ir à academia e a preguiça me fala, ao bater à minha porta: "Josef, vamos ficar dormindo hoje. Tá frio lá fora". O que devo fazer? Obedecer aos meus pensamentos? Ou conversar com eles? Claro que devo conversar. E sempre questionar: é o que "eu quero" ou é o que "eu devo" fazer?

Outro exemplo: estou de dieta e, no trabalho, aparece um bolo de aniversário de chocolate ao leite maravilhoso que alguém levou. Minha vontade é óbvia: quero comer aquilo. Mas é o que devo comer?

Sempre se perguntar se "é o que eu quero" ou "é o que eu devo" pode ser uma simples, porém poderosa conversa que o ajudará a sustentar sua disciplina diária. Que o auxiliará a ter uma visão objetiva das consequências primárias *versus* secundárias.

> Seja fiel à disciplina, e ela será na mesma moeda aos seus resultados. "Mas, Josef, a disciplina não é um tipo de prisão?". Claro que não, disciplina é liberdade. Quem não tem disciplina:
>
> 1. É órfão de futuro.
> 2. É refém da distração.
> 3. É dominado pelos desejos.
> 4. É amigo da procrastinação.
> 5. É assassino dos próprios sonhos.
>
> Quem não tem disciplina não tem amor-próprio.

Regra 2 — Divida suas decisões em dois tipos: decisões irreversíveis (tipo 1) *versus* decisões reversíveis (tipo 2)

A meu ver, tempo é um dos bens mais preciosos que possuímos. Ele é dado a todos de modo igual e é impossível de ser comprado. Uma vez utilizado, não há como recuperá-lo. É escasso e não pode ser acumulado. Por isso, a maneira como você utiliza o seu tempo importa. Aliás, importa muito. Inclusive, essa maneira diz muito não só sobre quem você é, mas também sobre quem você vai se tornar. O tempo tem o poder de construir, como também de desconstruir.

O fundador da Amazon, Jeff Bezos, afirmou certa vez, em uma das suas cartas aos acionistas, que pessoas bem-sucedidas utilizam o critério de reversibilidade para tomar decisões. E como isso funciona? Toda decisão é dividida em dois tipos: decisões irreversíveis (tipo 1) e decisões no futuro com poucas dificuldades ou custo, ou

"É o que 'eu quero', ou é o que 'eu devo' fazer?"

Josef Rubin

OU VAI, OU VOA

seja, reversível (tipo 2). Decida por uma delas o mais rápido possível. Arrisque. Vá em frente. Se der errado ou se ela não se provar uma boa decisão, volte atrás e a desfaça. Caso a decisão seja irreversível, é preciso ser mais prudente: reúna o máximo de informações para que sua chance de assertividade aumente.

O problema, segundo Bezos, é quando não dividimos os tipos de decisões e adotamos uma abordagem única:

> À medida que as organizações crescem, parece haver uma tendência a usar o processo pesado de tomada de decisão do tipo 1 (irreversível) na maioria das decisões, incluindo muitas decisões do tipo 2 (reversível). O resultado final disso é a lentidão, a aversão ao risco, a falta de experimentação e, consequentemente, a queda da inovação.[47]

Logo, decisões menores e facilmente reversíveis acabam demandando muito tempo e energia, por exemplo, testar um novo canal de marketing, adicionar uma nova funcionalidade ao e-commerce, testar um novo produto em uma praça específica. O custo da lentidão, do tempo consumido e de não experimentar se torna muito mais caro do que arriscar aquela ideia de maneira rápida e barata. Inclusive, Bezos compara as decisões reversíveis (tipo 2) a entrar por uma porta: caso decida seguir um caminho diferente, apenas saia e escolha outra porta.

Por fim, é importante destacar que, mesmo que a decisão seja aparentemente irreversível, vale a pena tentar "quebrá-la" a fim de torná-la reversível. Certa vez um amigo, fundador de uma empresa com aproximadamente 150 colaboradores, estava na dúvida se mantinha o escritório físico da companhia na capital do estado ou se oficialmente implantava o home office para todos — isso foi em 2019, antes da pandemia e do boom do trabalho remoto. No caso dessa empresa, o ramo de atuação depende de profissionais especialistas que, em geral, moram em cidades do interior.

De um lado, ele queria quebrar a barreira da distância e facilitar a contratação desses profissionais, permitindo que continuassem morando em suas cidades; de outro, tinha receio de que a equipe perdesse produtividade. Dado o contexto e enxergando a decisão com base na matriz de reversibilidade, sugeri ao meu amigo fechar as portas do escritório físico por sessenta dias e testar o trabalho remoto durante aquele período. No fim, com base nos resultados e nas opiniões dos colaboradores, ele conseguiria tomar a decisão munido de mais informações e com segurança para ser mais assertivo.

 Divida suas decisões em 2 tipos: decisões irreversíveis (tipo 1) vs. decisões reversíveis (tipo 2).

Decisões Irreversíveis (Tipo 1)	Decisões Reversíveis (Tipo 2)
Difícil ou impossível reverter	Possível voltar atrás
Exige coleta de dados e informações	Tem pouca dificuldade ou custo
Prudência, cautela	Experimentação

Importante:
"Quebre" decisões irreversíveis em partes para torná-las reversíveis

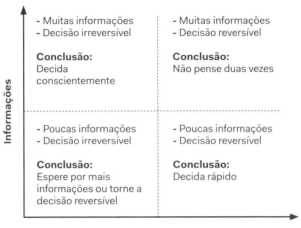

Regra 3 — Esforço *versus* resultado

O Princípio de Pareto, ou a regra dos 80/20, é um conceito criado com base em estudos sobre distribuição de renda feitos pelo economista italiano Vilfredo Pareto, nos quais demonstrava que 80% das terras italianas pertenciam a apenas 20% da população. O curioso é que as primeiras análises de Pareto nasceram ao observar que, em seu jardim, apenas 20% das vagens produziam cerca de 80% das ervilhas. Tais estudos ganharam fama apenas décadas mais tarde, graças ao consultor de negócios Joseph Moses Juran, responsável por aplicar essa lógica no mundo corporativo e cunhá-la como Princípio de Pareto, a fim de homenagear o economista italiano.[48]

Na prática, o que esse conceito nos ensina? Ao tomar uma decisão, é preciso mensurar o esforço necessário *versus* o resultado esperado. Isso me ajuda muito quando eu e meus sócios temos de tomar decisões estratégicas a respeito de qual projeto (ou produto) devemos priorizar e executar. Afinal de contas, como comentei na regra anterior, velocidade e eficácia são peças-chave no mercado atual. E, como nosso tempo e recursos são limitados, tão importante quanto lutar, é escolher quais brigas lutar. Aí que entra o aprendizado: quando for necessário definir qual será o caminho a ser seguido — seja uma ideia, um projeto ou até mesmo a definição de uma estratégia —, coloque a decisão na matriz do esforço *versus* resultado. Por exemplo, se estiver em dúvida entre executar a ideia A ou a ideia B, e sabendo que as duas exigirão o mesmo esforço, mas a ideia B pode gerar três vezes mais resultados, então escolha a ideia B:

 Esforço vs. Resultado (80/20)

Princípio de Pareto ou Regra 80/20
Esforço necessário (20) vs. resultado esperado (80)
Quando aplicar:
  - Decisões estratégicas
  - Priorização e execução de projetos

A Matriz Esforço vs. Resultado ajuda na tomada de decisão sobre qual caminho seguir.
Exemplo: dúvida entre executar a ideia A ou B.
  - As duas exigem **o mesmo esforço**.
  - A ideia B gera **3× mais resultado**.
  - Escolha: **ideia B**.

Por outro lado, se tanto a ideia A quanto a ideia B têm a capacidade de gerar resultados parecidos, porém o esforço necessário para executar a ideia A é muito menor, execute a ideia A.

Mas:
Ideias A e B requerem **esforços parecidos**.
Esforço necessário para a ideia A é **muito menor** que a ideia B.
Execute: **ideia A**.

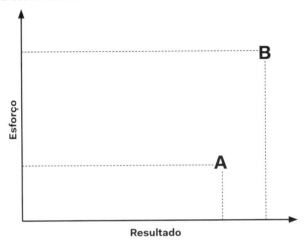

Apresentando um exemplo real: em 2023 lançamos um curso gratuito de comunicação e influência com a Ana Paula Padrão. Sim, ela mesma, a apresentadora do Masterchef junto a outros grandes nomes e profissionais de empresas como CNN, Globo e Alpargatas.

Mas o ponto que pretendo compartilhar é que definir o nome desse curso foi um grande dilema com o nosso time de marketing. Afinal de contas, um nome ruim pode destruir toda a campanha, caso não atraia as pessoas como deveria. E os que tínhamos listado até então não haviam feito nosso coração bater com força. Considerando isso, tivemos uma ideia. Primeiro, perguntamos ao ChatGPT sugestões de nomes — e, sim, tivemos sugestões incríveis. Depois selecionamos três nomes da lista a partir de uma votação do nosso time. Por fim, criamos microcampanhas com a mesma arte de capa, porém alternando entre os

"Tão importante quanto lutar, é escolher quais brigas lutar."

Hendel Favarin

OU VAI, OU VOA

três nomes. Ou seja, investimos bem pouco para fazer um pequeno teste de clique — antes mesmo de o curso existir. Assim, conseguiríamos confirmar com um pequeno público qual nome teria mais apelo e geraria mais inscrições.

Bingo! O nome que gerou mais atração no teste foi "Apresentações que conquistam: segredos da influência e persuasão". Decidida a nomenclatura, criamos a página do curso, as artes de divulgação, a esteira de e-mails e produzimos as aulas. Meses depois, o curso foi lançado. Bingo. Foi um grande sucesso, com quase 600 mil pessoas inscritas nesse curso.

O que é possível aprender com esse exemplo? Primeiro: utilizar a regra anterior, tornando o que poderia ser uma decisão irreversível (nome que levasse o curso ao fracasso) para uma decisão reversível (microtestes, com pouco investimento e um curto espaço de tempo). Segundo: levar muito a sério a matriz esforço *versus* resultado. Por isso, fizemos testes de baixo esforço que indicariam a direção a fim de atingir o maior resultado. Afinal, quando chegasse o grande momento de lançamento desse curso gratuito da Conquer, não podíamos correr o risco de ter nos esforçado muito, ter investido muito tempo e dinheiro, e o resultado não ser bem-sucedido na mesma proporção.

Enfim, como você pode observar, essa regra pode lhe proporcionar mais inteligência e eficácia para a tomada de certas decisões, assim como proporciona para mim. Afinal de contas, nosso tempo e nossos recursos são limitados. Escolher como melhor utilizá-los deve, portanto, tornar-se uma regra para quem busca alcançar melhores resultados.

#PuloDoGato

REGRA 1

Jamais decida pelo que é mais fácil: consequência primária vs. secundária.

REGRA 2

Divida suas decisões em 2 tipos: decisões irreversíveis (tipo 1) vs. decisões reversíveis (tipo 2).

REGRA 3

Esforço vs. Resultado (80/20).

Princípio n. 5:
Nenhum jogador é tão bom quanto todos juntos

O poder da colaboração

Já ouviu falar na garagem da HP? Ela pertence a uma simpática casa de tijolos com detalhes verde-esmeralda localizada em Palo Alto, bem próxima à Universidade de Stanford, na Califórnia. A garagem ficou famosa por ser considerada oficialmente o berço do Vale do Silício, pois ali, em 1939, dois jovens recém-formados fundaram a primeira empresa de tecnologia da região: a Hewlett-Packard. Como a HP foi uma das primeiras histórias de muito sucesso do setor de tecnologia da região, a empresa se tornou um retrato da cultura de trabalho do principal polo de inovação do mundo.

Por causa disso, as onze regras da garagem da HP,[49] que representam um modelo de trabalho inovador, ganharam o mundo como um excelente "guia da inovação" a ser seguido por qualquer pessoa ou empresa que também deseja se destacar, independentemente da área de atuação:

1. Acredite que você pode mudar o mundo.
2. Seja ágil, mantenha as ferramentas à mão, sempre trabalhe.

3. Saiba quando trabalhar sozinho e quando trabalhar em grupo.
4. Compartilhe ferramentas e ideias. Confie nos colegas.
5. Sem política. Sem burocracia (coisas ridículas em uma garagem).
6. É o cliente quem define se um trabalho foi bem-feito.
7. Ideias radicais não são más ideias.
8. Invente diferentes maneiras de trabalhar.
9. Faça uma contribuição diária. O que não tem valor (não tem qualidade), não sai da garagem.
10. Acredite que juntos podemos fazer qualquer coisa.
11. Invente.

Sou fascinado pelas onze regras[50] da garagem da HP desde que as conheci. Afinal de contas, de uma forma bem simples, esse manifesto apresenta ao mundo a "fórmula secreta" das empresas do Vale do Silício. No entanto, quero dar atenção especial ao valor por trás das regras 3, 4, 6 e 10. Um valor que é nitidamente expressado e repetido. Adivinha qual é? *A colaboração*.

Vivemos em um mundo muito incerto e volátil, no qual tudo fica defasado com rapidez. Nesse cenário, as organizações, para se manterem competitivas, precisam de profissionais capazes de, continuamente, adquirir novos conhecimentos de maneira rápida. E qual é a melhor forma de fazer isso se não em equipe, com os colegas de trabalho? Parece simples, mas na prática não é. A disputa de egos no mercado de trabalho tem que ficar de lado para que uma guerra de diferentes opiniões se torne uma fortaleza de diferentes visões. E para isso, não tem como não voltarmos a uma das palavras mais valiosas do Princípio N. 1: humildade.

A mente aberta, o desejo de ajudar e a vontade de aprender fazem parte de uma mente humilde que, na minha opinião, é o primeiro passo para atingir todo o potencial da força colaborativa. Afinal de contas, somente pessoas humildes sabem valorizar e pedir opiniões de outras pessoas sem se sentirem ameaçadas.

E onde se encontra o poder da colaboração? No somatório de variadas opiniões, visões e experiências, ou seja, na diversidade. Quando criança, eu gostava muito de jogar um jogo de cartas chamado Super Trunfo. Basicamente, a regra do jogo consistia em selecionar um item da carta em que acreditava ser melhor que o mesmo item da carta do meu oponente. Uma vez escolhido o item, os dois jogadores revelavam as cartas e a pontuação daquele item. Quem tivesse a melhor pontuação ganharia a carta do oponente e assim o jogo se desenrolaria até que um jogador ficasse sem cartas nas mãos. E o que isso tem a ver com a colaboração? Imagine só se fosse possível juntar todas as cartas em uma só. Ou melhor, selecionar a melhor pontuação de cada carta e torná-la uma supercarta. Seria imbatível, não é? Pois então. Esse é o poder da colaboração: um verdadeiro *supertrunfo* para as organizações. É somar a riqueza das fortalezas e experiência de cada pessoa em prol de um objetivo.

Pesquisas têm mostrado que, não à toa, empresas com locais de trabalho mais diversificados, além de serem as que atraem mais talentos, superam os concorrentes nos resultados e obtêm lucros maiores. Prova disso, segundo a Boston Consulting Group, é que companhias com equipes de gestão mais diversificadas têm receita 19% maior.[51] Ainda, segundo Josh Bersin, um dos maiores ícones globais em gestão de talentos, empresas inclusivas têm quase duas vezes mais chances de se tornarem líderes em inovação em seu mercado.[52]

Dito tudo isso, é de certa forma óbvia a importância da colaboração no mercado de trabalho e o quanto essa habilidade pode fazer a diferença nos resultados das organizações. Agora, vamos analisar como ela tem sido utilizada por companhias que estão na vanguarda da sua área de atuação e qual é a mola propulsora que pode impulsionar os resultados da colaboração.

A mola propulsora

Nos últimos anos tive a oportunidade de trabalhar, por intermédio da Conquer, com os melhores executivos das melhores empresas de tecnologia do mundo, além de líderes das companhias mais inovadoras do Brasil — algumas delas listadas na bolsa de valores e reconhecidas por colaborarem com a transformação digital e a cultura de inovação. E sabe qual é o ponto em comum entre todos esses profissionais? A valorização extrema de uma cultura colaborativa. Tanto de fora para dentro, como de dentro para fora. E o que significam, exatamente, essas duas rotas da colaboração?

Open innovation

A cultura colaborativa de fora para dentro pode ser realizada sobretudo de duas formas principais. A primeira é a da inovação aberta ou *open innovation*. Antigamente, acreditava-se que a única ou a melhor maneira de uma empresa inovar era por meio da área de P&D (pesquisa e desenvolvimento). No entanto, nos últimos anos, as empresas tradicionais perceberam que não fazia sentido limitar a inovação para dentro das quatro paredes do negócio. Afinal, por que abrir mão do capital intelectual de milhares de profissionais para utilizar unicamente o de um pequeno grupo que carrega o crachá da empresa? Sem dúvidas, é um enorme limitador da inovação.

E é justamente aí que repousa a beleza da inovação aberta. As empresas abrem estratégias e projetos para que startups ou parceiros externos possam trabalhar em conjunto com o intuito de solucionar problemas internos.

Dentro da Conquer, temos o Conquer in Company, que é a nossa frente de treinamentos corporativos, consultoria de inovação e transformação digital que atende hoje as maiores empresas e startups nacionais e internacionais. Além da transformação cultural que ela implementa dentro das companhias atendidas no Brasil e na América Latina, o que mais me impressiona nesse spin-off da Conquer são as incríveis soluções que ela entrega.

Um desses exemplos é a Aceleradora Ambev, um projeto colaborativo de inovação aberta do qual tenho muito orgulho pelo fato de a Conquer ter feito parte. Essa iniciativa foi desenhada com o intuito de selecionar e acelerar o desenvolvimento de vinte startups brasileiras cujas soluções tivessem sinergia com os objetivos sustentáveis da ONU e com as metas estratégicas da Ambev: redução no consumo de água, fechamento do ciclo logístico de embalagens, redução no consumo de carbono e agricultura sustentável.

Para mim, o que me deixa mais orgulhoso foi o resultado do projeto. Ao final do programa, cinco startups se tornaram fornecedoras da Ambev, e uma delas recebeu investimento da companhia para construir uma fábrica e, assim, conseguir produzir em alta escala a solução desenvolvida. Esse é um case do mercado real que escancara o poder transformador da parceria e revela a visão disruptiva da companhia, que inteligentemente promove a colaboração como ferramenta para construir um futuro melhor.

Customer-centric

A segunda maneira de incentivar a cultura colaborativa de fora para dentro é por meio de um conceito chamado *customer-centric*. Trata-se de uma estratégia de colaboração que tem como principal fundamento colocar os interesses do cliente no centro de toda discussão ou decisão para construir e melhorar um produto ou serviço. Inclusive, a meu ver, qualquer estratégia deveria começar com o consumidor. Sim, os próprios consumidores podem colaborar com as empresas. Para isso, conforme falamos no capítulo "Como tudo começou", eles devem ser considerados peças ativas e fundamentais na construção e no desenvolvimento de produtos ou serviços. Essa metodologia de inovação é tão eficaz que, atualmente, empresas que se destacam no cenário brasileiro e global como a Uber, o Airbnb e o Nubank a utilizam.

Cultura transparente e comunicação aberta

Por outro lado, a colaboração também pode — e deve — acontecer de dentro para fora. Uma cultura transparente, inclusiva e que estimula a comunicação aberta é um excelente combustível para incentivar a colaboração. Aqui, cito alguns exemplos de rituais de gestão bem definidos que funcionam dentro da Conquer e que inúmeras empresas que admiro também praticam, a fim de garantir que os valores elenca-

"Qualquer estratégia deve começar com o consumidor."

Josef Rubin

OU VAI, OU VOA

dos anteriormente não fiquem só no papel: reuniões semanais por times, para discutir os desafios da semana e ouvir sugestões de estratégias de todos os integrantes da equipe, não importando idade, tempo de casa ou cargo. Reuniões quinzenais com os líderes da empresa, para análises de indicadores-chave e abertura para que levem pautas que considerem relevantes. Reunião mensal com toda a equipe com apresentação dos principais KPIS (indicadores-chave de desempenho) e novidades da empresa.

Aqui, preciso apresentar um ponto sensível à mesa, principalmente para líderes. Se você não construir nem proporcionar um ambiente de trabalho psicologicamente seguro e inclusivo, bons rituais de gestão se tornam meras formalidades. Por que digo isso? Porque uma cultura forte e colaborativa tem como alicerce a confiança. Só por meio de um ambiente de trabalho em que os colaboradores se sintam seguros para dar opiniões, para errar, para compartilhar os problemas que estão vivendo e seguros para, inclusive, discordar abertamente, é que a colaboração se torna possível e ganha força.

Caso contrário, se o ambiente for rígido demais, se qualquer falha for malvista, a confiança da equipe tende a diminuir e, por consequência, o poder da colaboração é enfraquecido. E sejamos realistas: infelizmente, as pessoas que fazem parte de uma organização cuja cultura é assim, sustentada por uma liderança ultrapassada, acabam sendo meros robôs de uma linha de produção, uma vez que as opiniões não são ouvidas e que a singularidade de cada ser humano é desprezada. É aí que se justifica a pesquisa apresentada no Princípio N. 2: 70% do nível de engajamento dos liderados é atribuído à qualidade do chefe.

Por isso costumo dizer que inovação é muito mais do que um valor pregado na parede ou uma bonita palavra do CEO de uma empresa. A inovação, na verdade, é construída e sustentada no dia a dia, no modo como trabalham as pessoas que fazem parte da organização e, sobretudo, na forma como os líderes tratam os seus liderados.

Portanto, se você é um líder autoritário, que não dá autonomia aos seus liderados, que não valoriza a experimentação e não estimula o diálogo aberto com segurança psicológica, a colaboração dificilmente vai acontecer e muito menos a inovação. Sempre afirmo que a inovação começa não pelo produto ou pelo serviço que uma empresa entrega, mas sim pela cultura que os líderes sustentam de modo genuíno. Essa, sim, tem o poder de transformar de verdade uma organização e até mesmo um mercado inteiro.

#PuloDoGato

Uma das melhores maneiras para você, como líder, construir um ambiente com segurança psicológica e confiança com seus liderados é através de conversas difíceis. "Como assim, Hendel?". Um líder não deve falar somente o que o liderado quer ouvir. Pelo contrário, ele deve estar disposto a ter conversas difíceis.

Essas conversas servem como bússola para o liderado, pois só assim ele terá ciência da própria performance, dos erros e do que precisa ser alinhado.

Líder que foge dessa conversa não promove o desenvolvimento do liderado como deveria, da mesma forma que também perde a oportunidade de construir uma relação de confiança. Afinal, esse tipo de conversa estreita a relação, demonstra que o líder realmente quer ver seu liderado melhorando.

Não à toa, uma das aulas mais famosas da Conquer é sobre conversas difíceis. Nela, resumimos diversos estudos científicos sobre como dar feedbacks, como se comunicar de maneira não violenta, entre outros tópicos. Tudo isso em uma aula rápida e prática que você, leitor do nosso livro, poderá acessar gratuitamente pelo QR Code a seguir.

Como ter conversas difíceis:
O método TAMP.

Squads

Uma outra excelente forma de pôr em prática a cultura colaborativa de dentro para fora é usando a metodologia de *squads* — ou "batalhões" —, que foi popularizada pelo modo de trabalho do Spotify. E o que são os *squads*? É um modelo organizacional que agrupa profissionais das mais diversas áreas da empresa dentro de uma pequena equipe multidisciplinar com bastante autonomia, sem hierarquia e com um objetivo bem definido. Assim, ganham velocidade na execução do projeto e muita eficiência colaborativa ao explorar ao máximo a diversidade da equipe — e a visão de negócios única de cada um.

Como você pode perceber, as maneiras para estimular a colaboração dentro de uma empresa são inúmeras e podem variar dependendo da área. Entretanto, a mola propulsora é uma só: valorizar a diversidade de opiniões mediante uma escuta genuinamente proativa. Se o ambiente de trabalho não estimular a valorização da opinião individual a ponto de ela ser incentivada e ouvida, a despeito da posição hierárquica, a base da colaboração será perdida. Exatamente como afirmaram três sócios da Bain & Company em um artigo para a *Harvard Business Review* sobre liderança ágil: "Boas ideias podem vir de qualquer pessoa, não apenas daquelas com maior status".[53]

Parece óbvio, não é? Mas o óbvio precisa ser dito. Afinal, a maioria dos líderes das empresas não praticam isso, pois não enxergam que somente existirá uma cultura colaborativa se existirem pessoas dispostas a escutar. Nessa linha, o próprio artigo da HBR recomenda que, para liderar em meio à imprevisibilidade do século XXI, as organizações precisam, mais do que nunca, de líderes mais humildes e menos arrogantes. Por qual motivo? Uma resposta simples e realista: *para saberem ouvir*. E, principalmente, para ouvirem opiniões divergentes.

BOX DO JOSEF

Certa vez, há mais de dez anos, enquanto realizava uma apresentação do planejamento estratégico de marketing para diversos gerentes de outras áreas, um colega da área financeira começou a questionar a viabilidade do que eu estava propondo.

Confesso que, ao longo da reunião, comecei a ficar profundamente irritado com as perguntas até chegar ao ponto de eu lhe pedir, de um modo bem grosseiro, que parasse de fazer perguntas, afirmando duramente que ele não entendia nada sobre marketing. Após o fim da reunião, imediatamente o meu chefe me chamou para uma conversa e, como merecido, escutei um dos feedbacks mais duros que já recebi ao longo da carreira, por causa daquela atitude. Uma frase específica ficou gravada na minha memória: "Se você não tem argumentos bons o suficiente para convencer uma pessoa de outra área, quer dizer que o seu plano não é bom o suficiente".

Escutar quem está à sua volta não deveria ser uma opção. *Deveria ser uma obrigação*, pois é uma prática extremamente inteligente. Se a opinião for na mesma linha que a sua, é bom, reforça aquilo em que você acredita e lhe dá mais confiança. Mas é ótimo se for contrária, uma vez que uma opinião divergente o obrigará a pensar de forma mais aprofundada. Sempre costumo dizer que ouvir uma opinião contrária tem dois efeitos instantâneos: ou você muda de opinião, pois uma nova perspectiva se abriu, ou você fortalece a sua atual posição, pois os argumentos contrários não foram convincentes o suficiente. Os dois efeitos são bons. Ambos evitam a cegueira do efeito Dunning-Kruger provocada, agora, pela surdez de quem não gosta de escutar.

Segundo um estudo de Harvard, o segredo do sucesso na carreira está intimamente conectado a ter os colegas de trabalho certos. O estudo analisou o mapeamento da educação, a profissão e o histórico dos companheiros de trabalho de 9 milhões de pessoas na Suécia, ao longo de dez anos. Após a análise dos dados, os pesquisadores concluíram que colegas de trabalho com habilidades complementares cresceram mais em suas carreiras e tinham uma média salarial maior do que pessoas com colegas de trabalho com habilidades similares às suas. "O valor do que uma pessoa sabe depende de com quem ela trabalha." Por isso, "ter colegas de trabalho com qualificações semelhantes às suas pode lhe custar caro", afirmaram os pesquisadores.[54]

Impressionante, não é mesmo? Então, a partir de agora, passe a enxergar o desconforto oriundo de uma opinião contrária como uma excelente oportunidade de crescimento.

Os melhores profissionais que conheço são genuinamente engajados em escutar quem está à sua volta a fim de coletar informações ao interagir, não apenas para ouvir, mas para modificar a própria opinião, quando fizer sentido. Esses profissionais altamente colaborativos entendem que a interdependência é muito mais poderosa do que a independência em relação aos outros. Isso porque você nunca vai perder ao ouvir quem está ao seu lado, sejam clientes, líderes, pares ou subordinados. Ao contrário, você corre riscos de ser mais assertivo na sua tomada de decisão. Na verdade, para ser mais exato, como demonstrou uma pesquisa, correrá o risco de ser 87% mais assertivo quando tomar uma decisão de negócios usufruindo do poder da coletividade.[55]

Portanto, não importa se for uma decisão de caráter profissional ou pessoal, peça a opinião de quem está à sua volta, afinal, "na multidão de conselheiros há sabedoria" — mais um provérbio de Salomão.

Mas antes de seguir para o aprofundamento, há um ponto de atenção: essa faca tem dois gumes.

A faca de dois gumes

Quão influenciável você acredita que é? Segundo os resultados de inúmeras pesquisas realizadas por dois cientistas, Nicholas Christakis, da Escola de Medicina de Harvard, e James Fowler, da Universidade da Califórnia, em San Diego, somos altamente influenciados pelas pessoas com quem convivemos. Não somos influenciados apenas pelo modo de pensar, mas também pelo modo de agir. Os estudos de Christakis e Fowler mostram que, se um amigo se torna obeso, o risco de nos tornarmos obesos aumenta 171%. Isso também acontece entre irmãos: a pesquisa revelou que tanto homens quanto mulheres aumentam consideravelmente as chances de obesidade caso seu irmão ou irmã estejam com sobrepeso.[56]

Os pesquisadores descobriram que a influência não se limitou à obesidade, mas a qualquer hábito prejudicial à saúde, seja ele adquirido — como uso de drogas, cigarros — ou inato — como falta de sono e até depressão. E não para por aí. Somos influenciados até mesmo pelo que vemos nas pessoas à nossa volta, abrangendo suas ações e emoções. Darei alguns exemplos. Por que naturalmente sorrimos quando vemos alguém sorrir? Por que imitamos os gestos e a postura da pessoa com quem estamos conversando? Por que nos animamos quando entramos em um ambiente animado? Por que casais tendem a ter rugas em locais parecidos do rosto?[57] Ou por que bocejamos quando vemos alguém bocejando? Enfim, o que nos faz agir do mesmo modo como as pessoas ao nosso redor estão agindo?[58]

Agimos assim por causa de um grupo de células neurais chamadas *neurônios-espelhos*. Graças a essas células,

"Profissionais altamente colaborativos entendem que a interdependência é muito mais poderosa que a independência em relação aos outros."

Hendel Favarin

OU VAI, OU VOA

conseguimos espelhar os comportamentos e movimentos de quem está à nossa volta e aprendemos, por exemplo, a falar, sorrir ou andar. Por meio desse mesmo grupo de células, melhoramos nossas capacidades sociais, compreendendo as ações e emoções dos outros, e também sendo aceitos por esse grupo ao sermos semelhantes a ele, de certo modo.

E por que você acha que eu trouxe esse assunto à tona? Por que, dentro de um capítulo que aborda a importância da colaboração e estar aberto a diferentes opiniões e visões, você acredita que eu trouxe luz à capacidade subconsciente de imitar quem está ao nosso redor? Eu trouxe esse tema porque não basta estar rodeado de pessoas, precisamos estar rodeados de pessoas que nos farão crescer. Assim como afirmei, tendemos a espelhar aqueles com quem andamos, mesmo que de modo involuntário, e esse comportamento pode ser bom ou pode ser muito ruim. É uma faca de dois gumes.

Muitas vezes, nos sentimos mal e desanimados não por causa de nossas realizações — ou pela falta delas —, mas sim pela má influência das pessoas que estão à nossa volta. Obviamente não quero dizer que precisamos nos cercar de pessoas perfeitas, pois isso é utopia. Ninguém é perfeito. Todo mundo tem falhas. O que quero dizer é que precisamos buscar estar mais rodeados por pessoas que nos puxam para cima, nos incentivam, a quem admiramos e que elevam a nossa "régua", e não de pessoas negativas, que impactam nossa vida de uma maneira não muito legal.

E digo isso principalmente das pessoas que mais têm a capacidade de influenciar a nossa vida pessoal e profissional e que podemos escolher, ou seja, aquelas que

"Ouvir de verdade uma opinião contrária tem dois efeitos instantâneos: ou você muda a sua opinião, pois uma nova perspectiva se abriu, ou você fortalece a sua posição atual."

Josef Rubin

OU VAI, OU VOA

mais estão próximas: líderes, colegas de trabalho, amigos e mentores.

Em 2017, quando Warren Buffett e Bill Gates, o cofundador da Microsoft, dividiram o palco para uma palestra na Universidade Columbia, um aluno perguntou: "Há alguma lição de vida importante que vocês dois aprenderam sobre relacionamentos por meio de suas experiências pessoais?". Buffett prontamente respondeu: "Você se moverá na direção das pessoas com as quais se associa. Portanto, é importante se associar a pessoas que são melhores do que você".[59]

Com palavras mais simples, mas com a mesma razão, minha mãe sempre esteve certa ao me alertar sobre o meu dever de estar atento às minhas amizades e recitar o famoso ditado popular: "Diga-me com quem andas, filho, e eu te direi quem és". Que eu me lembre, na época, minha reação se resumia a uma cara feia. E, tudo bem, eu era um mero adolescente que sabia pouco da vida. Hoje, concordo efusivamente. E, ainda, ouso modificar e ampliar esse emblemático ditado: "Diga-me com quem andas e também lhe direi aonde vais chegar". É tamanha a importância das pessoas que andam ao nosso lado que, não por acaso, o trecho atribuído ao clássico livro *Adeus às armas*, que nasceu da experiência do escritor Hemingway na Primeira Guerra Mundial, virou um ícone:

— Quem está nas trincheiras ao teu lado?
— E isso importa?
— Mais do que a própria guerra.

Seja nas adversidades da guerra, seja nas adversidades da vida, tenha certeza de que em todos os momentos, mais

"Diga-me com quem andas, e também direi aonde vais chegar."

Hendel Favarin

OU VAI, OU VOA

importante do que "o que" você está fazendo, é "com quem" você está fazendo. Por isso, na minha vida (ou na minha trincheira), tive "sorte" não de ter realizado algo, mas de ter encontrado pessoas que me incentivaram a me tornar uma pessoa e um profissional melhor. Posso afirmar com toda a convicção do mundo que eu não teria conquistado tudo que conquistei se não fosse por meus pais, meus irmãos, minha esposa, o Josef, o Flávio Augusto, meus colegas de trabalho, meus mentores, além de muitos outros grandes profissionais com quem pude conviver ao longo da carreira. Quem eu sou hoje, definitivamente, é fruto da influência acumulada de cada um deles.

BOX DO JOSEF

Você consegue acreditar que 1+1 pode ser maior do que 2? Sim, e vou lhe provar como.

Desde 2017, no fim do primeiro ano da Conquer, começamos a chamar muito a atenção de investidores. Fosse pela real inovação no mercado de educação brasileiro, fossem pelos nossos resultados que impressionavam em razão de sua velocidade ou, ainda, pela força da nossa marca — apesar de tão jovem.

Em 2018, algo bem curioso aconteceu. Por intermédio de um executivo, fomos informados do interesse do Luciano Huck em investir na Conquer devido a todo potencial que enxergava no nosso trabalho — ele chegou até mesmo a nos convidar para um almoço na sua casa. Acredite se quiser, recusamos o almoço. Por qual motivo?

Porque desde o início estávamos crescendo muito em faturamento e, com o próprio resultado gerado, conseguimos continuar investindo e crescendo. Assim sendo, não víamos com bons olhos agregar um novo sócio à Conquer. Não víamos sentido em dividir o nosso bolo.

Para você ter uma ideia, desde os primeiros anos, a Conquer já faturava dezenas de milhões por ano e meu salário e dos meus sócios não passava de 5 mil reais mensais, tamanho o nosso comprometimento com o futuro.

Porém, em 2020 nossa cabeça mudou. E uma importante reflexão passou a fazer parte das nossas conversas: e se tivéssemos um sócio investidor para acelerar o nosso crescimento? Para nos ajudar a conquistar em poucos anos o que conquistaríamos sozinhos ao longo de décadas. Assim nasceu a pergunta: será que 1+1 pode ser mais do que 2? Será que realmente dividir o bolo pode torná-lo muito maior para todos?

Foi assim que iniciamos uma longa jornada em busca do sócio ideal. O processo foi bem intenso e desafiador: nesse cenário, ao sinalizar ao mercado que estávamos abertos para receber propostas de investimento, mais de trinta fundos de investimentos e grandes players do mercado se interessaram em investir na Conquer. Foram centenas de reuniões para conhecê-los e para que os potenciais investidores nos conhecessem também.

Os primeiros que eliminamos foram as grandes empresas de educação. As piores conversas que tivemos foram com esses players. Descasamento total de propósitos. Zero interesse real nos alunos e na qualidade da entrega. Enfim, se antes de conversarmos com eles acreditávamos que eram dinossauros parados no tempo, depois de conhecê-los tivemos certeza.

No meio de tantos interessados e muitas conversas, recebemos propostas com *valuations* extraordinárias. Ainda assim, era nítido para nós que muito mais do que dinheiro, queríamos alguém para somar de verdade. Queríamos conhecimento. Queríamos o pacote completo do *smart money* (dinheiro inteligente) — e não somente dinheiro.

Isso porque aprendi ao longo da vida que três coisas são muito importantes: *o que* você faz; *como* você faz e, mais importante, *com quem* você faz. Afinal, esse último fator tem o poder de potencializar os outros — ou de arruiná-los.

E, pensando nisso tudo, escolhemos o Flávio Augusto, fundador e CEO da Wiser Educação. Para nós ficou muito claro que com ele nosso esforço conjunto seria muito maior do que nossos esforços separados. Eis os motivos:

1. A história de vida incrível do Flávio Augusto.
2. Os resultados incontestáveis e a capacidade sem igual de execução.
3. A visão e o propósito alinhados aos nossos.
4. O grande sonho do Flávio de, juntos, nos tornarmos o principal grupo de educação do Brasil.

Anos depois dessa parceria, posso afirmar: 1+1 pode ser muito maior que 2. Pode ser 10, inclusive! Se, por um lado, é desconfortável nos cercar de pessoas boas e melhores que a gente, por outros, elas nos fazem extrair as melhores versões e sobem a nossa "régua". O resultado disso foi que, com a visão do Flávio, já no segundo ano de parceria quintuplicamos o faturamento.

Quando criança, eu sonhava em ser um jogador de futebol. Em busca desse sonho joguei na categoria de base de diferentes clubes ao longo da minha infância até o fim da adolescência. Os aprendizados que tive no esporte foram incontáveis, mas um deles, que aprendi aos doze anos, carrego até hoje de forma especial. Na época, eu era destaque da minha categoria. Driblava muito bem e fazia gols a torto e a direito. Com isso, certo dia meu treinador chamou meu pai e a mim para conversarmos após um treino e disse que, a partir do dia seguinte, gostaria que eu começasse a treinar com os meninos de uma categoria superior à minha. Ou seja, cerca de um a dois anos mais velhos. Aquilo para mim foi assustador. Eram adolescentes muito mais fortes, rápidos e técnicos do que eu.

Apesar de aquela experiência ter sido muito desafiadora, afinal, passei a estar cercado por jogadores muito melhores, posso dizer que foi um dos períodos em que mais me desenvolvi. Foi um desconforto que me fez crescer. Aprendi ainda criança que, caso quisesse me tornar um profissional melhor, deveria procurar me cercar de pessoas melhores do que eu. Exatamente como aquela frase que você já deve ter escutado: "Se você for o mais inteligente da sala, então você está na sala errada".

Isso acontece pois, quando estamos perto de pessoas que admiramos e que são melhores do que nós em determinados assuntos ou área de conhecimento, acabamos nos sentindo positivamente desconfortáveis. Digo "positivamente" porque é um desconforto que nos lembra da importância da humildade e nos desafia, servindo como um empurrão em busca de novos aprendizados.

Portanto, não ignore o valor de quem anda ao seu lado. As pessoas que mais fazem parte do nosso convívio são as mesmas que mais podem interferir, positiva ou negativamente, no modo como pensamos, agimos e, sobretudo, em quem nos tornaremos. Como humanos, invariavelmente seremos influenciados pelos outros humanos que estão à nossa volta.

#PuloDoGato

Assim sendo, gostaria de lhe dar seis conselhos:

1. Seja crítico com opiniões alheias. Você precisa ser "filtro", não "esponja". Como? Aceite opiniões de quem está no lugar onde você quer chegar, mas não aceite conselhos construtivos de quem nunca construiu nada.
2. Dissocie-se de pessoas tóxicas, negativas e que puxam você para trás — nunca vi um pessimista bem-sucedido.
3. Quando esse perfil de pessoa fizer parte do seu dia a dia, seja pessoal ou profissional, associe-se de modo limitado. Isto é, com um olhar capaz de filtrar a influência negativa a fim de conseguir preservar os seus pensamentos, que geram emoções, que geram suas ações.
4. Associe-se a pessoas cujas qualidades farão de você uma pessoa melhor.
5. Não deixe de responder estas perguntas: "Das pessoas que me rodeiam, com quais devo me associar? Com quais devo me dissociar? E com quais devo me associar de modo limitado?

6. Por fim, em um mundo com tanta gente quadrada, seja um triângulo! Não entendeu bem a frase? Dê uma olhada, a seguir, no manifesto que criamos.

 Manifesto aos inconformados.

Valorize o entorno

Valorize o poder da escuta. Valorize o poder da colaboração. Valorize quem está à sua volta. Porém, seja consciente e seletivo com quem o influencia. Jamais se esqueça disso: você é moldado por tudo que vê, por tudo que escuta, por tudo que aceita. E no mundo tem muita gente cheia de opinião e vazia de resultado.

Princípio n. 6:
Nada substitui o GPS

Talento versus esforço

Provavelmente você conheça Mǎ Yún e o império que ele construiu, mas não conheça sua incrível história. Mǎ Yún nasceu em 1964, em uma família bem humilde na cidade de Hangzhou, na China. Seus pais eram músicos de um estilo que conta histórias tradicionais chinesas por meio de canções. Um fato marcante de sua infância aconteceu em 1972, quando o então presidente dos Estados Unidos, Richard Nixon, visitou a cidade de Mǎ Yún e levou turistas que falavam a língua inglesa. Intrigado com o novo idioma, ainda criança, decidiu que iria aprender inglês. Aos dez anos, como ele não tinha dinheiro para pagar por aulas, pedalava quarenta minutos diariamente até o hotel principal da cidade e, na recepção buscava por estrangeiros com o objetivo de se oferecer gratuitamente como guia de turismo e mostrar a cidade aos viajantes — e, por consequência, aprender inglês.

A estratégia funcionou. Além de aprender o novo idioma, inclusive se tornando professor de inglês anos mais tarde, ganhou de um dos turistas, que não conseguia pronunciar o seu nome, o apelido de Jack. Financeiramente, como professor de inglês, não teve uma carreira bem-sucedida, ganhando o equivalente a doze dólares por mês. Por isso, Jack Ma não só trabalhou como professor, mas também foi tradutor e até mesmo vendedor de remédios. Ainda assim, nada disso deu tão certo quanto ele gostaria.

Aliás, durante grande parte da sua vida, os obstáculos e as dificuldades foram sempre muito maiores do que qualquer possibilidade de sucesso. Quando criança, ele levou sete anos para completar o ensino fundamental — que na época tinha a duração de somente um ano. Quando adulto, tentou entrar em uma universidade chinesa por três vezes e se inscreveu em Harvard dez vezes, sem sucesso também. Quando saiu da faculdade, tentou emprego em aproximadamente trinta empresas, mas foi rejeitado por todas. Até mesmo a rede de fast-food KFC lhe negou emprego: "Quando o KFC abriu na China, 24 pessoas se candidataram para trabalhar, 23 foram aceitas. Eu fui o único candidato que ficou de fora".[60]

A vida de Jack Ma apenas começou a dar uma reviravolta em 1995, quando viajou para os Estados Unidos graças a uma amizade que havia feito com um norte-americano, também professor de inglês e residente na sua cidade natal. Lá, ele conheceu a internet e enxergou uma grande oportunidade de negócio ao perceber que, ao pesquisar a respeito da China, não aparecia muita coisa. *Bingo!* Foi uma ótima chance de apresentar as empresas chinesas ao mundo. E foi assim que nasceu o seu primeiro site, o China Pages. Entretanto, para a tristeza de Jack, a tentativa de vender de porta em porta a nova solução foi um fracasso. Na época, nem as empresas chinesas, nem as empresas estrangeiras tinham interesse em negociar entre si.

186

Ainda assim, o jovem humilde de um metro e cinquenta de altura não desistiu. Graças aos aprendizados adquiridos em suas idas e vindas ao longo dos anos, em 1999 Jack Ma enxergou outra vez uma nova oportunidade de negócio e criou um novo site, dessa vez, com o objetivo de exibir produtos e serviços chineses para os próprios chineses: nascia, assim, o gigante de e-commerce Alibaba. O sucesso foi tão arrebatador que, em 2014, praticamente quinze anos após sua fundação, a empresa abriu capital na bolsa de valores americana e realizou o maior IPO da história mundial, com mais de 25 bilhões de dólares captados, superando gigantes da tecnologia como o X (antigo Twitter) e o Facebook. E não parou por aí. Anos mais tarde, o jovem repetidamente rejeitado e humilhado ao longo da carreira se tornou o homem mais rico da China como fundador da empresa asiática mais valiosa, com valor de mercado que ultrapassou 500 bilhões de dólares.[61]

História surpreendentemente fantástica, concorda? Quase inacreditável. E só existe uma explicação para Jack Ma ter conseguido enfrentar todas as adversidades a que foi exposto e não ter desistido. Contudo, antes de revelar a minha explicação, usarei a justificativa que o mercado de trabalho daria: muita resiliência. E o que essa palavra significa, exatamente? O conceito é oriundo da física: é a capacidade que um corpo ou material tem de, logo após ser submetido a um impacto, retornar ao estado original sem se desconfigurar. Para o mercado de trabalho, a resiliência representa a capacidade de se adaptar a mudanças, de superar obstáculos e dificuldades e de resistir às pressões diárias.

Já segundo a minha visão, o que permitiu a Jack Ma ter enfrentado inúmeras adversidades e ter insistido em tentar não foi apenas resiliência, foi o seu nível de GPS. Espere aí! O meu conceito de GPS não tem nada a ver com o tão conhecido GPS, que em inglês significa *global positioning system* e serve para se localizar geograficamente. O meu conceito de GPS é uma característica humana que, na dosagem certa, faz você avançar. Talvez você já o tenha, talvez não. Talvez você tenha muito, talvez pouco. A boa notícia é que esse GPS é uma das poucas variáveis que estão ao seu controle, é de graça e extremamente democrático. A má notícia é que pouquíssimas pessoas têm o nível de GPS necessário para sair do looping da síndrome de Tom & Jerry a ponto de viver uma vida de realização pessoal e profissional plena.

Você agora deve estar se perguntando: "Tá certo, Hendel... mas, afinal de contas, o que significa GPS?" Bom, vamos lá. O meu conceito de GPS está relacionado à teoria mundialmente conhecida da psicóloga e escritora Angela Lee Duckworth. Ela e sua equipe estudaram adultos e crianças expostos a situações extremamente desafiadoras e, em sua pesquisa, as perguntas principais foram: "Quem aqui é bem-sucedido e por quê?". Os pesquisadores estudaram, por exemplo, uma academia militar com o objetivo de tentar prever quais cadetes conseguiriam concluir a academia e quais cadetes iriam desistir. Da mesma forma, estudaram um concurso de soletrar e tentaram prever quais crianças avançariam mais no desafio.

A equipe analisou também empresas privadas e se perguntou: "Quais vendedores desta companhia vão se manter no emprego?", ou até mesmo "Quem aqui vai ganhar mais dinheiro?". O resultado dos estudos, dentro dos variados contextos, de acordo com a pesquisadora Angela Duckworth foi que "uma característica se destacou como um indicador significativo de sucesso — e não foi a inteligência social, a boa aparência, a saúde física ou o QI. Foi a garra".[62]

E o que é garra? É o jogador que dá tudo de si em campo. É a pessoa que, faça chuva ou faça sol, dá o seu melhor. É fazer na raça. É a força de vontade para alcançar objetivos. É, portanto, a primeira palavra do GPS, conceito que eu, o Josef e o Sidnei criamos lá no início da Conquer, em 2016. O *P* é de perseverança, que significa dedicação contínua, e nada mais é do que ter garra e persistência. É ter garra no decorrer e ao longo do tempo. Afinal, consistência é essencial para construir qualquer carreira ou negócio admirável. Por fim, o *S* é de suor, que retrata o compromisso verdadeiro com o objetivo definido. É a energia e o entusiasmo que contagiam quem está à volta e impulsionam o ambiente de trabalho.

Quando começamos a Conquer, um dos maiores desafios era contratar gente boa. Sabíamos desde o início que não iríamos construir uma grande empresa sozinhos. Pelo contrário, tínhamos plena ciência de que era necessário construir *o time* — e junto a esse time iríamos construir uma grande empresa, pois acreditamos que tudo remete às pessoas, e às pessoas certas. É por essa razão que do início até hoje eu e meus sócios sempre participamos dos processos de recrutamento de novos conquers. No começo éramos apenas nós três que selecionávamos todos os novos integrantes e, para fazer essas contratações, um critério sempre nos guiou: o nível de GPS dos candidatos. A alusão do nosso GPS ao sistema de posicionamento global não foi por acaso. Como ainda não sabíamos ao certo o melhor método de recrutamento, identificar pessoas com alto nível de GPS foi nossa melhor bússola. E sempre funcionou. Não importava o currículo, a boa comunicação, o profundo conhecimento técnico ou, enfim, o talento do candidato: se não percebêssemos um brilho no olhar e uma paixão incontestável por fazer acontecer, não entrava para o time. Para nós, a atitude conta mais que o talento, sem exceção.

Garra

Garra é aquele jogador que dá tudo de si em campo. Garra é aquele que, faça chuva ou faça sol, dá o seu melhor. Garra é raça. Garra é força de vontade para alcançar objetivos.

Perseverança

Perseverança significa dedicação, que nada mais é do que a garra prolongada. Ou seja, a garra no decorrer do tempo. Afinal, consistência é essencial para construir qualquer carreira ou negócio admirável.

Suor

S é de suor. Que retrata o real compromisso com o objetivo definido. É a energia e o entusiasmo que contagia qualquer um que está à volta e puxa o ambiente de trabalho para cima.

BOX DO JOSEF

Estas são algumas perguntas que fazemos nas entrevistas de seleção para identificar profissionais com alto nível de GPS. Elas nos ajudam a entender melhor o perfil do candidato e a tomar decisões mais assertivas na hora de contratar um novo membro para o time.

1. Como você se preparou para esta entrevista?
2. Muito mais do que nos ajudar a entender o nível de comprometimento e dedicação do candidato

para com a vaga, essa pergunta nos ajuda a entender a doação que o candidato costuma dar para atingir os seus objetivos.

3. Qual foi a maior história de superação que você teve na vida?

4. Essa pergunta me ajuda a conhecer melhor o entrevistado. Com ela consigo avaliar e entender seu nível de resiliência, de perseverança e a vontade de vencer. Algumas histórias valem muito mais do que diplomas.

5. Qual é seu maior case de sucesso? Aquele do qual você mais se orgulha.

6. Essa resposta é a verdadeira prova da habilidade que foi descrita no currículo. Mas além de conhecer as antigas experiências profissionais, consigo mapear o perfil do candidato e entender se ele se encaixa na cultura da empresa.

7. Conte uma experiência em que você falhou, e o que aprendeu com ela.

8. A partir dessa questão consigo avaliar a capacidade do entrevistado de identificar os próprios erros e como ele traça estratégias a fim de evitar que se repitam. Profissionais que afirmam não ter histórias de falhas perdem muitos pontos, afinal, isso só nos mostra que ele não soube identificar nem evoluir com essas experiências.

9. Me dê um exemplo de alguma vez em sua vida em que você teve que resolver um problema muito difícil.

10. Mais importante do que descobrirmos como o candidato reage a uma situação real de adversi-

dade é identificarmos o seu senso de dificuldade. Em outras palavras, o que é "muito difícil" para ele. "Contrate caráter, treine habilidade." Esse é um dos nossos lemas aqui na Conquer.

Eu e o Josef também somos investidores e mentores de um fundo de investimento voltado a startups brasileiras. Já tivemos a oportunidade de conhecer centenas de fundadores de empresas com alto potencial de crescimento. E um dos critérios mais importantes na hora de avaliar quais startups vamos escolher é conhecer as pessoas por trás do negócio — uma boa prática de qualquer investidor. Muito mais do que bons KPIs (indicadores-chave de desempenho), em um mercado extremamente volátil e dinâmico, precisamos conhecer o nível de GPS de quem toca o negócio, pois o que funciona hoje para uma startup, amanhã pode não funcionar mais. Inclusive, esse foi um dos principais motivos pelos quais o Flávio Augusto investiu em nós — conforme explicarei no próximo (e último) princípio.

Sabe do que mais gosto no GPS? Ele está dentro do nosso controle. Cabe a você e a mais ninguém saber o utilizar e desenvolvê-lo. Ao contrário do talento, que foge do nosso controle uma vez que pode ser explicado como um tipo de "dom" que cada pessoa tem e que não há como escolher nem controlar, o GPS pode ser escolhido e selecionado. Ele é uma decisão. Por isso, entre talento e GPS, sempre fico com o segundo porque, com bastante GPS e pouco talento, é possível se aperfeiçoar e atingir resultados incríveis. Já com talento e sem GPS, é como uma linda Ferrari sem motor: um potencial nunca realizado.

Há quem pense o contrário, que talento é tudo e é o que importa. Cuidado. Existe um grande perigo ao confundir talento com sucesso. Essa falsa crença pode nos tirar a responsabilidade e o protagonismo de nossas vidas, pois é fácil apontar a falta de talento como causa para não realizar algo, para não se esforçar. É uma convicção que pode até mesmo fazer com que o esforço (ou garra) seja visto com descrédito ou como característica secundária, uma vez que, se é necessário se esforçar para fazer algo, então significa que você não nasceu para aquilo.

Nada poderia estar mais errado. É evidente que o talento existe. Não há como dizer que o Pelé, por exemplo, não era talentoso. Por mais que eu tente me esforçar ao máximo para ser um excelente jogador de futebol, provavelmente eu nunca teria a inteligência e a habilidade que o Pelé tinha em campo. Porém, Cristiano Ronaldo é prova de que o esforço também pode levar a lugares inimagináveis — como o melhor jogador do mundo. E, diferentemente do talento, o esforço está sob seu controle. Sob seu comando.

Lembro quando entrevistamos o Alex (ex-jogador da seleção brasileira, do Palmeiras, do Coritiba, do Fenerbahce, da Turquia, e de outros grandes clubes) em um evento da Conquer e perguntamos o que ele gostaria de ter aprendido no início da carreira. Sua resposta foi muito contundente: "Que o trabalho vale mais que o talento. Nasci com talento. Mas trabalhei bastante para aprimorar o que eu tinha de bom. Foi 10% de talento e 90% de trabalho. Demorei para perceber isso".[63]

Esse é o ponto. Talento é bem-vindo, mas não é ele a causa de suas vitórias ou de suas derrotas. Talento sem esforço não importa, é mero potencial não realizado. Para ilustrar essa lógica, nada melhor do que as duas equações que Angela Duckworth apresenta em seu livro, *Garra: O poder da paixão e da perseverança*, e demonstram a essência da garra:[64]

Para a autora, talento significa apenas a rapidez com que as habilidades de uma pessoa aumentam quando ela se esforça. Já o êxito é o que acontece quando essa pessoa utiliza as habilidades adquiridas. E aqui está o ponto mais importante: o esforço (ou garra) conta em dobro. Sim, o esforço é duas vezes mais importante que o talento, uma vez que não só constrói a habilidade, mas também a torna produtiva. Ou seja, apenas com esforço é possível alcançar grandes e duradouros resultados. Vou dar um exemplo.

Gosto muito da história de vida e do crescimento exponencial do meu sócio, o Josef. Ele passou por gigantes como Mondelez e Falconi até ingressar no Grupo Boticário e, anos mais tarde, emigrar para a Colômbia. Quem o conhece por todas as suas conquistas os seus resultados profissionais jamais imaginaria que ele era um jovem extremamente tímido e introvertido. A história que mais me surpreende do início da sua carreira diz respeito a um medo que ele carregava desde a adolescência: não conseguir entrar no mercado de trabalho devido às dificuldades de comunicação (na época, um baixo talento de comunicação).

Agora, preste atenção. Sabe o que ele fez para contornar essa dificuldade? Demorei para acreditar. Ele marcou 59 entrevistas de emprego em um único mês, em empresas que ele sequer tinha o interesse de trabalhar. Com muito esforço, o Josef rodou a cidade de ônibus de uma entrevista à outra para enfrentar seus medos e vencer a dificuldade. E, graças a isso, começou a perder o medo e a melhorar significativamente sua habilidade de comunicação, a ponto de ser aprovado no processo seletivo da empresa em que realmente sonhava em trabalhar.

Tudo isso só aconteceu porque ele sabia que apenas com muita garra, perseverança e suor superaria suas dificuldades de comunicação. Impressionante, não é? Com dezoito anos já ter maturidade e capacidade de enxergar a importância do esforço demonstra nitidamente os primeiros sinais de que ele seria um profissional diferenciado no futuro — e ele de fato se tornou.

A história do Josef me traz um ensinamento que eu gostaria de compartilhar: você não precisa, obviamente, ser bom em tudo. Mas é necessário melhorar naquilo que impede você de evoluir. Caso ele tivesse aceitado sua "condição natural" de não se comunicar bem, dificilmente estaria onde está hoje e é certo que não estaríamos falando sobre ele aqui. E olha só que curioso: hoje o Josef lidera comigo mais de oitocentas pessoas na Conquer, já foi speaker do TEDx e um dos palestrantes mais requisitados do país — já chegou a falar para mais de 40 mil pessoas ao vivo. Se no caso do jogador Alex foi 10% talento e 90% esforço, no caso do Josef foi 99% esforço.

Por histórias como essa que afirmo com tranquilidade que você ter ou não um alto nível de GPS é unicamente uma decisão sua. Aliás, eu não diria que é uma escolha sua; é, na verdade, uma responsabilidade sua. Uma responsabilidade que você tem consigo mesmo de se tornar alguém melhor.

Afinal, para vencer dificuldades, é preciso ficar mais forte, o que só é possível ao assumir a responsabilidade de ficar mais forte. E qual é a causa para algumas pessoas terem um GPS forte? Ou qual é a "pilha" que mantém em funcionamento um bom GPS? Revelo a seguir.

A "pilha" do GPS

Por volta de 1960, Carol Dweck, uma pesquisadora americana e professora da Universidade Stanford, se deparou com um estudo que chamou muito a sua atenção. Era uma pesquisa que mostrava o comportamento de paralisia e desesperança de roedores diante de inúmeras falhas ao tentar completar um determinado percurso imposto pelos pesquisadores. A conclusão desse estudo foi que os animais aprendiam a não ter mais esperanças e a simplesmente não agir, mesmo quando podiam tentar completar o percurso, por não terem recebido nenhum tipo de incentivo que os levasse a superar os desafios.[65]

Carol Dweck ficou intrigada com a "desesperança aprendida" e, a partir daquele momento, iniciou uma série de pesquisas, agora no campo educacional com crianças, para analisar se havia alguma correlação entre aquela atitude e o comportamento humano. Uma dessas pesquisas ficou muito famosa — e é bem curiosa. Primeiramente, a pesquisadora dividiu cem crianças em dois grupos iguais. Ela distribuiu um teste de QI idêntico, fácil de ser resolvido, para cada participante. Resultado? Todas as crianças conseguiram resolver o desafio. No entanto (preste atenção agora), ela elogiou um dos grupos com base na inteligência (suposto talento inato): "Parabéns, vocês são crianças muito inteligentes". Já o outro foi elogiado pelo esforço: "Parabéns, vocês são crianças muito esforçadas".

Logo em seguida, ela deu um segundo teste para os pequenos participantes, mas dessa vez eles poderiam escolher qual teste realizar. Um mais difícil, sendo uma excelente oportunidade para aprender e crescer, ou um teste mais fácil, no qual com certeza iriam se sair bem. Carol alertou as crianças sobre essas duas situações. Impressionantemente, 92% das crianças que haviam sido elogiadas pelo esforço escolheram a opção mais difícil e 67% das que foram elogiadas pela inteligência escolheram a mais fácil. Parece contraintuitivo, não? Foi o que pensei quando li esse estudo pela primeira vez. Porém, indo mais a fundo, percebi que faz muito sentido. Acompanhe comigo.

As crianças que tiveram resultados ao serem valorizadas pelo esforço pensam da seguinte maneira: "É assim que o mundo me vê, como uma criança esforçada, então é isso que sou". Logo, ela valoriza o atributo "esforço" e, como o exercício mais difícil exigiria mais esforço, é assim que ela age, buscando validar suas qualidades. Já as crianças que foram validadas pela inteligência pensam da mesma forma (e note como o resultado é diferente): "Já que me enxergam como uma criança inteligente — e quero que continuem me enxergando assim —, vou escolher a opção mais fácil". Perceba que a intenção, em ambos os casos, é a mesma: continuar sendo vista como esforçada ou inteligente.

A verdade sobre o segundo teste é que não existia um mais fácil e outro mais difícil. Havia apenas um teste e ele era impossível de ser concluído. O resultado? Também é surpreendente. As crianças que haviam sido elogiadas pelo esforço, diante daquela tarefa impossível, trabalharam duro, esforçaram-se por mais tempo e aproveitaram o desafio. Em contrapartida, o outro grupo se frustrou e desistiu logo.

Por fim, Dweck distribuiu para os dois grupos um terceiro e último teste — tão fácil quanto o primeiro que haviam feito. Novamente, mais um resultado de cair o queixo. As crianças esforçadas tiveram um aumento de 30% no resultado em relação ao primeiro teste. Já as crianças inteligentes diminuíram em 20% a performance.

E qual foi a grande conclusão dessa pesquisa? Que nós, seres humanos, temos dois tipos de modelos mentais: *growth mindset* (mentalidade de crescimento) ou *fixed mindset* (mentalidade fixa). Quem tem mentalidade fixa acredita que habilidades e inteligência são inatas, ou seja, você nasceu assim e vai morrer assim — o famoso talento. Você tem o que tem e ponto-final. Já quem tem a mentalidade de crescimento acredita que habilidades e inteligência podem ser desenvolvidas por meio do esforço e com o tempo. Ou seja, você pode aprender qualquer coisa. Então, quem tem esse tipo de mentalidade costuma olhar para as dificuldades, os desafios, os erros ou algum feedback, por exemplo, como uma ótima oportunidade de crescimento — ao contrário de quem tem mentalidade fixa.

Mindset Fixo		Mindset de crecimento
Você tem o que você tem	Habilidades e inteligência	Podem ser desenvolvidas
Desistem / Evitam	Desafios	Persistem / Enfrentam
Sinal de incompetência	Esforço	Fundamental para o aprendizado
Levam para o lado pessoal / Ficam na defensiva	Feedback	Gostam / Usam para aprender
Sentem-se inferiores	Erros	Tratam como oportunidade de aprendizado
Menor	Resiliência	É mais desenvolvida

Agora, é provável que você esteja se perguntando neste momento: "Será que tenho mentalidade fixa ou mentalidade de crescimento?". A resposta correta é: depende. Em geral, oscilamos entre as duas mentalidades, por isso podemos dizer que nosso modelo mental é *híbrido*. Tudo depende da situação em que nos encontramos e do desafio enfrentado.

Com certeza você tem dificuldades e medos diferentes dos meus. Talvez você se sinta limitado ou inseguro quando diante de algum desafio. Talvez acredite que jamais será bom em determinada técnica. Talvez acredite que não é bom o suficiente para assumir certa posição na empresa. Enfim, talvez você acredite que nunca conseguirá ser um empreendedor de sucesso.

Esses achismos são, via de regra, reflexos de uma mentalidade fixa, fazendo-o acreditar na sua incapacidade ou na falta de talento. O resultado é que você pode se sentir inferior a outras pessoas e até mesmo desistir nas primeiras tentativas. E qual é a saída? Lamentar-se? Negativo. Pelo contrário. Tenho uma ótima notícia para você. Os modelos mentais podem ser alterados. E o seu nível de GPS também. É possível transformar o seu modelo mental fixo em um modelo mental de crescimento, graças a um fenômeno científico chamado *neuroplasticidade*, que nada mais é do que a capacidade que o nosso cérebro tem de alterar a própria estrutura de acordo com o esforço aplicado.

Como isso acontece? Quimicamente, nosso cérebro se altera no curto prazo à medida que realizamos determinada atividade. Por exemplo, se você começa a aprender a tocar um novo instrumento musical ou então aprende a dirigir, haverá novas reações químicas acontecendo em certas áreas do seu cérebro para que você consiga realizar aquela atividade, mesmo que de forma amadora. Com a repetição e a prática da mesma atividade, essas reações químicas geram efeitos permanentes, provocando mudanças estruturais no cérebro.

Como consequência, aquela habilidade extremamente desafiadora que você antes realizava com tanta atenção e muito esforço, com o tempo se torna mais natural e até mesmo fácil de executar.

Eis a beleza da mentalidade de crescimento, e por isso afirmo que a "pilha" do GPS é essa mentalidade. Sem ela o GPS não funciona e, no fim, só quem tem esse tipo de mentalidade entende que o cérebro pode se transformar de acordo com o esforço, que está totalmente sob nosso controle.

Por último, mas não menos importante, deve-se atentar a uma questão que pode acabar com todo o potencial de esforço antes mesmo de tê-lo começado. Um incontestável inimigo do esforço.

O inimigo do esforço

Você sabia que o melhor jogador de basquete de todos os tempos, Michael Jordan, foi dispensado do time de basquete da escola? Que Walt Disney foi demitido de um jornal por falta de criatividade? Que a Oprah Winfrey,[66] apresentadora mais bem-sucedida dos Estados Unidos, foi demitida do seu primeiro trabalho na TV por se envolver emocionalmente nas histórias? Que Steven Spielberg, o premiado cineasta, foi rejeitado diversas vezes pela USC Cinematic Arts? Que Steve Jobs foi demitido da própria empresa que criou? Que Thomas Edison, um dos maiores inventores da humanidade, era considerado burro demais para aprender, segundo seus professores?[67]

Quando descubro histórias do tipo, confesso que é muito inspirador. É incrível olhar para profissionais extraordinários e perceber que são humanos como nós, com dificuldades, falhas e rejeições, tendo vivido momentos péssimos que com certeza os fizeram pensar em desistir. E apesar de terem os melhores motivos para não seguir adiante com seus sonhos, ainda assim tais profissionais tiveram coragem de continuar tentando e deram a oportunidade para o esforço obstinado virar o jogo. Coragem, essa é a chave. Coragem é o primeiro passo para levar uma vida com mentalidade de crescimento, e também é o maior inimigo do esforço, e vou explicar o porquê.

Nós, seres humanos, somos repletos de medos e inseguranças. A todo momento surgem inúmeros desafios que nos assustam e até mesmo nos bloqueiam. Um dos grandes vilões desse comportamento é o medo de errar ou de fracassar, que nos impede de agir. O mais curioso é que, na verdade, quando não tentamos já estamos fracassando. Já assumimos a derrota sem ao menos aplicar o mínimo de esforço. Acabamos nos convencendo de que aquele objetivo ou sonho seria impossível de se realizar, então simplesmente desistimos sem nem ao menos termos começado.

Já viu um lutador perder uma briga por não lutar? Parece uma pergunta estúpida, não parece? É um cenário inimaginável. Mas em se tratando de vida profissional, é comum ver isso acontecer. Profissionais deixam de receber uma promoção porque não tentaram buscá-la. Oportunidades são perdidas porque não existia ninguém disponível. Empresas não nasceram pelo medo do fracasso.

Não é à toa que Henry Ford, o célebre empresário da indústria automobilística, afirmou que "há mais pessoas que desistem do que pessoas que fracassam". É uma afirmação triste.

Também por isso, como já compartilhei no Princípio N. 2, que 58% da performance profissional está relacionada à inteligência emocional. O modo como você lida com situações de pressão, estresse, dificuldades, enfim, desafios diários, faz toda a diferença no seu desempenho no ambiente de trabalho.

E há ainda um ponto bem relevante. Não se trata do desafio em si, do seu tamanho nem do quanto ele é assustador. O que importa mesmo é como você reage e lida com o desafio. Como dizem: o problema não é o problema, é como você reage ao problema. Porque medo existe e sempre vai existir, mas o que importa é a coragem, ou seja, a capacidade de agir e de perseverar apesar do medo.

Verdade seja dita, todo ser humano nasce cientista e depois aprende a ser medroso. Mas não sou eu que digo isso, é o Marcos Piangers, autor de diversos livros, como *Papai é pop*, estudioso de formação das crianças, além de ser um profissional que admiro pelo impacto positivo que ele tem causado na educação infantil do nosso país. Em uma das vezes que nos sentamos para conversar sobre o desenvolvimento dos pequenos humanos, Marcos disparou "todo mundo nasce cientista!". "A criança", ele disse, "não tem medo de nada. Ela é corajosa. Anda por onde precisa; se cair, levanta de novo, corre na bicicleta, se machuca e já está brincando no minuto seguinte. Tudo é teste. Experimentação".

Ou seja, nascemos cientistas — corajosos, curiosos e exploradores, prontos para testar, errar e testar de novo até conseguirmos. E é o que bebês fazem, só que, por não terem medo do que vem pela frente, tentam até conseguir. Crianças não têm medo de tombos, não têm distinção entre certo e errado; ao contrário, elas têm curiosidade para entender os próprios limites até superá-los.

Sorte que não nascemos adultos. Sorte que bebês não se limitam nem desistem. Não se intimidam com as dificuldades e não cansam de aprender. E é justamente essa mentalidade de crescimento e, sobretudo, a coragem que você nem sabia que tinha, que agora precisa resgatar a fim de enfrentar os desafios à sua frente — mas, claro, se você quiser enfrentá-los.

E como você pode observar na imagem, dentro da zona de conforto ou de medo, nenhum desafio é superado. Nível de GPS zerado. Como consequência, nenhuma nova habilidade é aprendida e não há crescimento. É aquela velha história, mesmas atitudes, mesmos resultados. Não tem segredo.

E o grande incentivo apresentado neste capítulo é fazer você virar a chave das desculpas, não mais justificando que "isso não é para mim", "não posso", "nasci assim", "é muito difícil", "não tenho talento", "meu sonho é impossível", "é muito difícil aprender aquilo", mas sim "se eu me esforçar muito, consigo aprender qualquer coisa, sim". Afinal de contas, ninguém é bom naquilo que faz pouco.

E não se esqueça de um grande aliado nisso: o nosso cérebro, que é adaptativo, sendo capaz de se ajustar. Basta enxergarmos todo e qualquer desafio ou dificuldade com mentalidade de crescimento, ou seja, como um obstáculo que pode ser superado. Mas é evidente que a mudança não acontecerá da noite para o dia: ela vai exigir um nível altíssimo de GPS.

Jamais esqueça que é o seu nível de esforço, ou melhor, de GPS, que determinará aonde você vai chegar. Afinal, quem não luta pelo presente que deseja, terá de aceitar o futuro que vier.

#PuloDoGato

Em entrevistas e mentorias, é bem comum me perguntarem qual é o segredo da Conquer. Se é a nossa marca, nossa metodologia, nossa qualidade do ensino. Acredito que todas essas características são diferenciais gigantescos que temos; no entanto, eu diria que o verdadeiro ingrediente secreto é a nossa cultura empresarial que jamais poderá ser copiada. É ela quem dita atitudes e comportamentos esperados dentro da equipe, por isso a cultura é tão importante.

Também por isso é tão relevante garantir que líderes extremamente alinhados a essa cultura estejam em nosso time, afinal, toda equipe reflete o líder.

Por esse motivo, no #PuloDoGato deste capítulo decidi liberar para você um material interno, que guia a nossa cultura. Trata-se de *O jeito Conquer de liderar*, que é um guia entregue a todos os líderes da Conquer e que é utilizado para diversos treinamentos internos com o time. Ele foi elaborado com base em entrevistas com os gestores da Conquer. Tenho certeza de que esse manual vai trazer lições importantes para não só você ter mais GPS no dia a dia, mas também para implementar uma cultura forte junto às pessoas ao seu redor.

 O jeito Conquer de liderar.

"Quem não luta pelo presente que deseja, terá de aceitar o futuro que vier."

Hendel Favarin

OU VAI, OU VOA

Princípio n. 7:
Deixe o mapa de lado e foque no terreno

Planejar é bom, executar é melhor ainda

Nós tivemos a ideia da Conquer em fevereiro de 2016. Já a inauguração da escola aconteceu em agosto do mesmo ano. Foram seis meses trabalhando com afinco para tirar tudo do papel — tudo o que seria a primeira versão da Conquer. Durante esse período foram inúmeros os desafios, pois levantar um negócio do zero é extremamente difícil, ainda mais quando os recursos são bastante limitados.

Entretanto, o maior desafio, sem sombra de dúvidas, foi conseguir o nosso primeiro aluno. Modéstia à parte, éramos bons em vendas, mas nunca tínhamos vendido nada parecido. Tudo era novo. Além disso, o próprio produto era novo no mercado também. Por esse motivo, antes de vender qualquer curso, tínhamos de vender o benefício que o aluno poderia ter caso passasse pela experiência de um curso nosso. E acredite, vender uma promessa, sem nenhum resultado real ainda, é muito mais desafiador do que você possa imaginar.

Na época, estávamos construindo a escola: uma simples reforma em uma sala comercial de 45 m² — era o tamanho que dava para pagar em um bom bairro de Curitiba. As aulas ainda não existiam. Nossos três pilares tinham acabado de sair do forno — ainda não haviam proporcionado transformação profissional para ninguém. Nenhum RH ou empresa tinha conhecimento da Conquer. Nossa metodologia ainda não era reconhecida e admirada no Brasil e em mais de cem países, como é hoje. Nosso diploma ainda não era objeto de desejo, tampouco tinha o peso no currículo que atualmente tem. Nossa marca ainda não era uma das mais desejadas e admiradas em educação. Enfim, tudo ainda era apenas um sonho. E foi quando ouvi algumas vezes que não daríamos certo, que éramos loucos de acreditar nesse sonho.

Como você deve imaginar, foi um período bem difícil. Eu e o Sidnei já tínhamos aberto mão de liderar a expansão nacional de uma das maiores fintechs do Brasil, a Vindi, e o Josef já tinha aberto mão da sua posição no Grupo Boticário, como expatriado na Colômbia. Nessa época, o Josef estava desenvolvendo nossos três pilares no Vale do Silício, enquanto eu e o Sidnei cuidávamos de toda a nova operação e vendas de cursos em Curitiba, cidade onde a Conquer nasceu.

Nessa fase, tentamos de tudo para conseguir nosso primeiro aluno. Nós nos vestimos de astronauta, panfletamos na rua, distribuímos folders na saída das faculdades e pós-graduações, passamos de porta em porta de todos os escritórios comerciais do prédio em que ficava a escola e também dos prédios vizinhos. Contratamos uma agência de marketing. Postamos sem parar nas nossas redes sociais e nas de amigos. Pedimos ajuda para influenciadores digitais. Enfim, fizemos de tudo, seguimos todas as cartilhas e boas práticas de marketing para lançar um novo negócio. E o resultado? Nenhum. Zero alunos.

Como falei, foi um período bem difícil. Um turbilhão de emoções. Sem contar toda a pressão dos nossos familiares e amigos, que não enxergavam nada além de loucura em nós. E o medo de não dar certo, existiu? Sim, claro. Mas a vontade de transformar a educação do país, com conteúdo e metodologia que sabíamos que poderiam transformar carreiras, era muito maior. Sempre acreditamos no propósito da Conquer e não conseguíamos aceitar que a educação fosse tão deficitária e, pior, que nada concreto e de muita qualidade estivesse sendo feito a respeito para mudar essa realidade. A insatisfação com esse cenário era nosso combustível.

No meio de inúmeras experimentações, de tentativas e erros, finalmente tivemos o primeiro acerto. Faltavam apenas dois meses para a data que havíamos estabelecido como início das aulas. Era uma manhã nublada em Curitiba. Eu e o Sidnei estávamos conversando sem parar a respeito de tudo que já havíamos feito e tudo que ainda poderíamos fazer para trazer alunos. E assim, de repente, como um relâmpago, veio a ideia. *A ideia*. Simples e muito objetiva. "Por que não enviamos um convite via LinkedIn para uma aula gratuita na Conquer?", perguntei. Afinal, lá estava nosso público. Lá estavam as pessoas que queriam algo a mais para a carreira. Sem contar que, em 2016, ninguém mandava mensagem via LinkedIn, que era uma rede ainda pouquíssimo utilizada. E, convenhamos, na pior das hipóteses, muitas pessoas conheceriam a Conquer lendo a mensagem; na melhor, algumas pessoas topariam o convite e aceitariam ir até a escola para ter uma experiência de aula na Conquer.

Ideia boa é ideia executada. E sabe com quem contamos nesse desafio? Com a mãe do Josef, a dona Frida. De um lado, ela tinha tempo e estava superdisposta a ajudar o filho; do outro, estávamos atolados de trabalho e precisávamos maximizar as chances de a nova estratégia dar certo enviando o convite para o maior número possível de pessoas. Deu match!

Com a imensa ajuda da dona Frida, adicionamos mais de 10 mil pessoas no LinkedIn do Josef (sem dúvidas, o LinkedIn dele era mais bonito entre nós três).

Detalhe importante: ensinamos tudo para a queridíssima e atenciosa dona Frida. Desde ligar o computador, logar na rede social e, por fim, colar e copiar a mensagem, uma a uma, substituindo apenas o nome de cada um dos 10 mil convidados. Mas nem tudo é perfeito: é claro que alguns "Joãos" foram chamados de "Maria" e algumas "Marias" chamadas de "João" no meio de tanto copia e cola.

Deu trabalho, muito trabalho. Mas valeu a pena. Dos 10 mil convites enviados via LinkedIn, tivemos mil inscritos na aula gratuita e foi preciso repetir o workshop 78 vezes — na época, chamávamos de *aula spoiler*. Sim, acredite, foram 78 possibilidades de dias e horários que disponibilizamos gratuitamente dentro de um intervalo de seis semanas — de manhã, à tarde, à noite, durante a semana e aos fins de semana também, tudo para não perdermos qualquer oportunidade. Ainda assim, dos 2 mil inscritos, apenas quatrocentos foram até a escola e participaram de um dos inúmeros workshops. Por fim, rufem os tambores, dessas quatrocentas pessoas, 36 se tornaram os primeiros alunos da Conquer. Foi histórico. Foi marcante. Valeu a pena não ter desistido.

Uma palavra para resumir nosso início? Loucura... não. Aliás, também. Abrir mão do que tínhamos para batalhar por uma ideia que a maioria das pessoas acreditava ser pura ilusão, não foi fácil. Mas a palavra que melhor resume nosso início foi uma só: execução. Para mim, essa é uma palavra que está intimamente conectada à outra: experimentação.

Uma não sobrevive sem a outra e até as considero sinônimos — o *Dicionário Aurélio* que me perdoe. Digo mais: essa palavra não só resumiu o nosso início, uma vez que ao longo desses anos empreendendo, sempre valorizamos muito a execução — ou a experimentação.

E foi esse o primeiro motivo que fez o Flávio Augusto investir na Conquer, em 2021. Ele mesmo já compartilhou isso publicamente em seu perfil no Instagram,[68] depois de ser questionado por um seguidor.

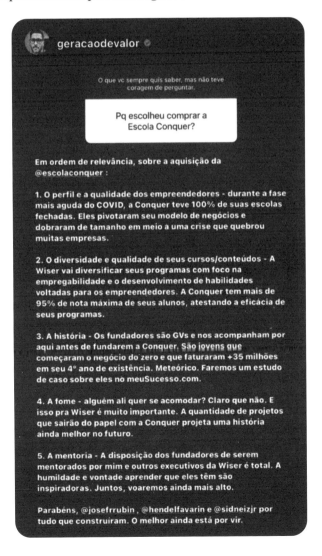

Por que o Flávio Augusto elencou a nossa capacidade de execução como o primeiro motivo que o fez investir na Conquer? Porque é a execução que nos leva para o campo de batalha. E só lá que descobrimos os verdadeiros problemas e as novas oportunidades. Como diz uma regra atribuída ao exército canadense, "entre o mapa e o terreno, fique sempre com o terreno". E convenhamos, o terreno do mundo dos negócios tem sido cada vez mais volátil e incerto, tornando então o mapa cada vez mais dispensável. Não quero dizer que planejar não é importante. Claro que é. Mas precisamos planejar menos e executar muito mais. A dinâmica das nossas carreiras ou das nossas profissões já não é mais compreendida por uma teoria fechada e imutável. Por isso gosto de dizer que minha vida (e minha carreira) está muito mais para um Waze, o tempo todo recalculando a rota, do que para um mapa, estático e previsível.

É justamente por isso que o jeito de criar e lançar produtos mudou de maneira tão radical nos últimos anos. Antigamente, o modelo de desenvolvimento de novos produtos era o *waterfall* (cascata): longo, demorado e exigia alto investimento. Planejamento era a regra. Hoje o modelo ideal é o *lean startup* (startup enxuta). Os requisitos do produto mudam ao longo do caminho, a construção é mínima e a validação no mercado é a mais rápida possível. Sendo esse modelo um processo sequencial, de melhoria contínua, com o cliente, em campo, e sem parar.

Fazendo um paralelo, o modelo *waterfall* é o mapa, já o modelo *lean startup* é o terreno. Não foi à toa que esse último modelo ganhou a atenção do mundo e virou a nova regra até de organizações grandes e tradicionais, dado que em um mundo que se transforma sem parar, é preciso dar máxima atenção ao terreno, à execução, à experimentação. É aí que nascem novas oportunidades. Já dizia o famoso poeta romano Ovídio: "Jogue sempre o anzol na água em que você menos espera pegar um peixe, e haverá um".[69] Sim, é preciso ser fanático por iscas, ou, de maneira mais contextualizada, ser fanático por testes. Testes controláveis e mensuráveis, nos quais você possa minimizar os impactos negativos e gerar aprendizados úteis.

Entretanto, inacreditavelmente, pouco se fala sobre execução. Fiz uma pesquisa entre as cinquenta escolas de negócios mais renomadas do mundo. Pesquisei em detalhes e fiz um levantamento da grade de MBAs dessas instituições. Em todas elas, sem exceção, existe uma matéria chamada *planejamento estratégico*. Isso acontece não só nas instituições mais renomadas, mas também nas principais escolas de negócios e administração. Não é à toa que, segundo uma frase atribuída a Henry Ford, "há mais pessoas que desistem do que pessoas que fracassam". O resumo disso: muita teoria e pouca execução.

Exatamente por isso que faço a seguinte pergunta: por que se estuda tanto planejamento estratégico, mas não existe praticamente nenhuma matéria de execução? Mais uma vez, repito: não quero dizer que o planejamento não seja importante, mas ainda não conheci ninguém que tenha conquistado o seu sonho ou tenha realizado um projeto qualquer, do mais simples ao mais complexo, sem ter tirado o planejamento do papel e trabalhado muito. É evidente que não se trata apenas de trabalhar: trata-se de trabalhar de modo inteligente, eficaz, porque estar ocupado não significa necessariamente que se está sendo produtivo.

A partir da minha experiência, existem quatro razões, ou melhor, quatro armadilhas, pelas quais preferimos, inconscientemente, focar no mapa além do necessário, ao passo que deveríamos nos concentrar no terreno. Chamo essas armadilhas de *minas terrestres*, porque, de tão assustadoras, elas nos paralisam e não pisamos no terreno, com medo de que exploda.

E esse efeito tem nome: *analysis paralysis*, em tradução livre, paralisia da análise. O fenômeno sugere que, quando analisamos em excesso uma situação, nossa capacidade de tomar decisões é paralisada e, assim, não conseguimos agir e tampouco sugerir uma solução. Em outras palavras, o custo de oportunidade do tempo da decisão ultrapassa os benefícios da decisão a ser tomada. Para exemplificar: é como se um goleiro ficasse tempo demais analisando e fazendo suposições a respeito de qual será a trajetória da bola em uma cobrança de falta, a ponto de perder o tempo de bola e, quando percebesse, já fosse tarde, pois a bola já está dentro do gol. Em jogos de tabuleiro, a expressão *analysis paralysis* é muito utilizada quando um jogador planeja com demasia a busca da melhor jogada e demora demais para agir, fazendo-o perder a oportunidade de jogar ou até mesmo de vencer a partida.[70]

Dito isso, precisamos analisar as quatro minas terrestres que podem incentivar qualquer pessoa a ficar presa no mapa, atrapalhando o foco em pisar no terreno.

As quatro minas terrestres

1. O desconforto da ação

A primeira mina terrestre é o desconforto da ação. Analisar oportunidades, estudar problemas, fazer belas recomendações e desenhar planos de ação são tarefas que estão dentro de um território confortável e seguro, por mais difíceis e complexas que essas atividades possam ser. Afinal, podem ser realizadas dentro de uma sala com ar-condicionado com a pessoa confortavelmente sentada. Já fora dessa zona de conforto, está a ação (ou execução), que obriga profissionais ou equipes a testar ideias, se expor, vender, conversar com clientes, ouvir reclamações, validações ou contestações. Como diria o meu pai, "a execução, a experimentação, ou o terreno, não deixa a gente perder o cheiro do asfalto". Portanto, uma ótima forma de evitar tais desconfortos é planejar eternamente e postergar qualquer tipo de ação. Isso, infelizmente, acontece graças à glamorização do planejamento e ao desprezo pela execução.

Talvez você possa me responder: "Ah, Hendel, mas e se eu não me sentir motivado o suficiente para agir?". Preste atenção: a pergunta já carrega em si a resposta incorreta. Por quê? Porque você não deve esperar a motivação para agir. A motivação é passageira, assim como emoções como a felicidade, a tristeza, a raiva. E emoções, até certo ponto, são incontroláveis. E, pior, oscilam muito. Se quiser ter sucesso em algo na vida, precisa de consistência. E acrescento que você precisa ser guiado pelo objetivo por qual escolheu lutar: seja uma promoção no trabalho, um aumento salarial ou um maior faturamento da sua empresa. Sendo assim, você precisa ser guiado pela disciplina — e não por ânimos passageiros. Como já falamos aqui, a disciplina é uma escolha, então escolha agir.

Preste atenção: caso decida agir apenas quando estiver motivado, você ficará eternamente refém dos seus "ânimos do momento" e jamais construirá algo.

Serei sincero: eu não acordo todos os dias sorrindo e pronto para qualquer guerra. E isso não acontece só comigo, tenho certeza. Meus sócios também passam por isso, assim como qualquer outro ser humano. Sim, muitas vezes não acordo animado para enfrentar o batalhão de desafios que terei ao longo do dia. Entretanto, não fico esperando a motivação para agir, pois acredito que primeiro preciso agir — independentemente de querer ou não — para, assim, colher resultados e conquistar a motivação, formando um ciclo *virtuoso*.

Como certa vez afirmou Steven Pressfield, escritor de best-sellers e autor de roteiros para cinema, "a ação precede a inspiração". Esse é o pulo do gato.

Precisamos focar no terreno. É lá que moram nossos objetivos e futuras conquistas. Sim, a maioria das pessoas de sucesso não é necessariamente talentosa, inteligente ou sortuda... Elas só agiram, enquanto os outros ficaram apenas na conversa e acabaram não fazendo nada. Dito isso, pare de perder tempo pensando demais. Seus resultados somente aparecerão quando você começar a substituir pensamentos excessivos por execução.

E convenhamos, conforme o Flávio Augusto afirmou, a maior evidência de que alguém de fato quer algo é a ação. Se não houver ação, a pessoa pode até estar convencida de que quer alguma coisa, mas, na verdade, talvez tenha apenas um desejo, um sonho ou uma aspiração superficial.

"A maioria das pessoas de sucesso não é necessariamente talentosa, inteligente ou sortuda... Elas só agiram, enquanto os outros ficaram apenas na conversa e acabaram não fazendo nada."

Hendel Favarin

OU VAI, OU VOA

O querer que não é seguido de ação não passa de ilusão — não é querer.

É o famoso "todo mundo quer gelo, mas poucos enchem a forminha". Há um provérbio chinês que diz que "falar não cozinha arroz". Essa bela provocação asiática serve para nos lembrar que somente planejar, pensar ou até mesmo falar não nos levará a lugar algum. Precisamos agir. Além de que, como disse David Allen, "é um desperdício de tempo e energia ficar pensando em algo que você não faz nada para acontecer".[71]

2. A procrastinação

Uma simples conferida em alguma rede social, e o que deveria tomar dois minutos acaba tomando vinte. Uma olhada rápida no grupo do WhatsApp acaba consumindo mais tempo do que deveria. Fato é que grande parte das distrações são mais confortáveis e atraentes do que agir, executar e colocar a mão na massa. Por essa razão, procrastinamos.

E o que significa exatamente a palavra procrastinar? Ela vem do latim, *cras* (amanhã), e nada mais é do que o efeito de saber que tem de fazer algo, mas, adivinhem, não o fazer. Ou seja, é o adiamento de uma ação. Ou melhor, é empurrar com a barriga algo que poderia ser feito agora, mas que por diversos motivos nem sempre relevantes é adiado e enviado para um lugar misterioso onde tudo é magicamente resolvido. Esse lugar misterioso é chamado de *amanhã*: "amanhã eu resolvo" ou "amanhã eu faço".

Vale a pena ser dito que procrastinar é muito comum. Todo mundo já procrastinou ou vai procrastinar em algum momento da vida, uns mais, outros menos. Mas se todo mundo faz, então qual é o problema nesse comportamento? O problema não é procrastinar, mas sim o tempo que você gasta com isso. Quanto mais você deixa esse comportamento perigoso tomar conta da sua rotina, mais ele se torna um hábito. Para se ter uma ideia da seriedade do tema, uma pesquisa feita nos Estados Unidos estimou que 20% da população se encaixa na categoria de procrastinadores crônicos — aquelas que procrastinam compulsivamente.[72]

Quando a procrastinação chega a esse ponto, é certo que ela vai comprometer o seu crescimento pessoal e profissional, pois as consequências são críticas no seu desempenho e na sua carreira: acúmulo de tarefas, perda de prazos, projetos inacabados, dificuldade em bater metas, ideias que não são tiradas do papel, desmotivação, não realização do potencial de qualidade e por aí vai.

O resultado é óbvio: além de perder oportunidades, por sempre adiar o que deveria ser feito, você com certeza viverá em estado de estresse, culpa, inércia e com perda de produtividade. Em outras palavras, ficará preso no mapa e, portanto, perderá a capacidade de focar no terreno — único local em que a realização dos seus projetos pode acontecer. Como dizia Sêneca, "a procrastinação é o maior desperdício da vida. Ela tira de você cada dia... e nega o presente enquanto promete o futuro".[73]

Agora que já falei do comportamento nocivo que é a procrastinação e de suas consequências, preciso falar também de alguns sintomas e de algumas soluções. Desde já adianto que o objetivo das próximas linhas, e até mesmo deste capítulo inteiro, não é ensinar todas as dicas e metodologias para transformá-lo em um profissional mais produtivo e executor. O objetivo aqui é mais trazer luz a esse tema tão importante, que é o poder da execução. Deixo o convite para você, caso tenha interesse, para fazer nosso curso de produtividade, que é um dos nossos cursos mais buscados (não só por alunos, mas também por empresas a que atendemos), tamanha a importância do tema.

 Curso de produtividade.

Bom, vamos lá. Existem muitos motivos que nos levam a procrastinar, e vou citar alguns:

NÃO TENHO IDEIA DE POR ONDE COMEÇAR

Com muitas demandas a serem cumpridas, é bastante comum se perder e não saber bem qual é a ordem das prioridades. Por isso, é fundamental organizar as tarefas para assim mensurar tudo o que deve ser feito e decidir o que é mais importante e urgente. Lembrando que, tão importante quanto lutar, é escolher por quais brigas lutar.

ISSO É CHATO DEMAIS, FAÇO DEPOIS

Ninguém quer fazer a tarefa chata, e elas são as principais causas da procrastinação. Sempre buscamos satisfação ao cumprir nossas demandas, e as tarefas chatas passam bem longe disso, então acabam sendo empurradas até não podermos mais. O curioso é que a tarefa se torna muito mais chata quando estamos pensando sobre ela do que quando a estamos executando. O monstro criado em nossas mentes muitas vezes é maior do que a realidade. E quanto mais você alimenta esse monstro, mais assustador ele fica. A dica é: enfrente-o o quanto antes e se livre dele.

OPA, ME ESQUECI COMPLETAMENTE DESSA TAREFA

Milhares de coisas disputam a nossa atenção durante o dia. Enquanto fazemos uma tarefa, abrir o celular e entrar em uma rede social, por exemplo, é quase sinônimo de esquecer o que estava sendo feito de importante no início. Aqui a dica é: cuidado com o *multitasking*. De acordo com uma pesquisa realizada pela Microsoft, fazer mais de uma tarefa simultaneamente reduz em até 40% sua produtividade.[74] Além disso, várias atividades concomitantes deixam a mente exausta, atrapalham nossa tomada de decisões e aumentam os índices de cortisol, conhecido como o hormônio do estresse.

NÃO SEI SE CONSIGO FAZER, É DIFÍCIL DEMAIS

Com a expectativa de dificuldade lá em cima, a tendência é deixar mesmo para depois. Isso porque ficamos travados pela sensação de que não vamos dar conta ou de que vamos nos desgastar muito para executar a tarefa. A lógica é que, se a tarefa não for feita, não há como fracassar.

Provavelmente o mais difícil com relação à procrastinação é que não existe segredo ou fórmula mágica para vencê-la. A sua cama em uma manhã fria sempre vai chamar por você; assistir a mais um episódio na Netflix sempre vai ser mais fácil do que fazer aquele exercício. Portanto, vencer a procrastinação é uma luta diária. Por essa razão, precisamos nos lembrar do que foi falado no Princípio N. 4, que toda decisão carrega consigo uma consequência imediata e outra secundária. Na lei da natureza — e da vida — não há mágica: *colhemos o que plantamos*.

Dito isso, é muito importante que você identifique o momento em que a procrastinação está batendo à sua porta e, quando acontecer, saiba reagir de imediato. Aqui vão algumas dicas para que consiga enfrentá-la:

- Não se culpe por estar procrastinando, pois a culpa não vai ajudá-lo a cessar esse comportamento. E, claro, sugiro que não desperdice energia assim. Use-a para produzir.
- Parar de procrastinar começa quando você sabe exatamente o que precisa ser feito. Ter nitidez sobre o próximo passo é a dica infalível para fazer acontecer.

- Anote tudo o que precisa ser feito. Isso diminui as chances de você se perder e dá mais nitidez à ordem de prioridades.
- Crie compromissos. Estabeleça quando e onde cumprirá cada tarefa. Não adianta saber o que precisa ser feito e simplesmente não fazer. Afinal, prioridade não é o que você afirma que fará, mas sim aquilo que você faz diariamente. Prioridade sem ação também é ilusão.
- Como já disse anteriormente, lembre-se sempre da recompensa e do por que está fazendo o que tem de ser feito. Ou seja, lembre-se sempre da consequência secundária.

Ponto importantíssimo: primeiro, você precisa criar consciência — foi o intuito da nossa conversa até aqui. Segundo, ficar apenas se culpando não vai ajudá-lo a parar de procrastinar. Pelo contrário, ficar se culpando só acaba com sua energia, então não a desperdice. Use sua preciosa energia (e seu precioso tempo) para focar no terreno e executar.

Por fim, siga as dicas que explicarei dentro das próximas armadilhas da execução. São também ótimas receitas contra a procrastinação.

3. À espera do grande milagre

Alguma destas frases lhe soa familiar?

- Vou aprender fotografia quando eu puder comprar uma câmera nova.
- Vou começar a comer melhor quando a nutricionista me passar a dieta.
- Vou empreender quando minha vida pessoal e profissional estiver perfeita.
- Vou voltar para a academia quando tiver tempo.

– Vou começar o novo projeto quando tiver todos os recursos.

Na maioria das vezes, tais afirmações são apenas desculpas para procrastinarmos ainda mais e nos prendermos no mapa sem que vejamos o terreno. Por quê? Naturalmente, pensamos que há um momento ideal ou condição perfeita para tirar as ideias do papel, entretanto, esse pensamento incorreto é apenas uma forma fácil que o nosso cérebro encontra para justificar a nossa própria procrastinação — ou nossa falta de ação.

No início do capítulo, falamos que o atual modelo ideal de lançamento de qualquer produto ou serviço dentro de uma empresa é o modelo *lean startup* (startup enxuta). A construção é mínima e a validação no mercado é a mais rápida possível. O que não falamos ainda é que, para isso acontecer, utiliza-se a metodologia de MVP: *minimum viable product* ou, em português, produto viável mínimo. De modo bem resumido, o MVP é o protótipo de um produto ou serviço em criação que se concentra em realizar um teste do mínimo essencial das funcionalidades. Assim, a empresa aprende mais rápido, investindo menos tempo e dinheiro. Combo perfeito.

Um reflexo dessa filosofia de trabalho tem a ver com algo que o fundador do LinkedIn, o Reid Hoffman, disse certa vez: "Se você não tem vergonha da primeira versão do seu produto, você demorou demais para lançar". E ele tem razão. Como já falamos, as mudanças que presenciamos hoje são muito velozes, por isso não faz mais sentido ficarmos meses e meses construindo algo novo (mapa) e não ter pressa para levar esse produto para o mercado (terreno); precisamos testar ideias e experimentar hipóteses a fim de alcançar aprendizados reais.

Seguindo essa lógica, só que agora não mais para um novo produto ou serviço, mas sim para nossas vidas, é o que Greg McKeown traz à tona no livro *Essencialismo,*[75] com a mesma sigla (MVP), mas um novo olhar: *minimum viable progress* ou, em português, mínimo progresso viável. O MVP do Greg McKeown nada mais é do que a mínima tarefa que pode ser realizada e que coloca seu projeto em movimento, por menor que seja.

E qual é a beleza do mínimo progresso viável? Como na maioria das vezes desejamos alcançar metas bem ousadas, acreditamos, falsamente, que os passos também têm de ser do tamanho dos nossos sonhos: sempre grandes, e em razão disso desmerecemos os humildes começos e os pequenos passos. E é onde mora o problema: deixamos de agir porque esperamos o grande milagre, o grande dia, o grande momento, sendo que, para atingir qualquer sonho, você precisa, necessariamente, dos pequenos passos. Ninguém nasce gigante. São os pequenos passos que, acumulados, nos tornam gigantes.

Se o Ronaldo Fenômeno, por exemplo, tivesse esperado a melhor chuteira para começar a jogar bola, ele nem teria nem começado a jogar, e muito menos teria chegado aonde chegou. Seu nível de maestria só foi possível graças a uma oportunidade certa; com ela, ele pôde mostrar suas habilidades e, posteriormente, tê-las valorizadas.

Tudo é uma construção, é evolução. O Ronaldo teve que aprender a jogar bola. O Usain Bolt já teve que aprender a correr melhor. Eu e meus sócios já batalhamos e suamos a camisa por um único aluno, para completar uma única (e pequena) turma. Ninguém nasce pronto. Pelo contrário, tudo exige prática, muita prática. É um dos motivos pelos quais o livro *Fora de série: Outliers*, de Malcolm Gladwell,[76] se propagou pelo mundo com a tese sobre as 10 mil horas — suposto tempo necessário de prática para que qualquer pessoa atinja o nível de maestria em alguma atividade complexa. Sinceramente, jamais saberemos ao certo se serão necessárias mais ou menos horas. Mas o fundamento da tese faz sentido. E, para chegar às 10 mil horas, é necessário começar com uma.

Frequentemente esquecemos, mas é necessário lembrar que todo sonho grande começa com uma pequena ação. Como o Martin Luther King Jr. muito bem afirmou, "você não precisa ver a escada inteira, basta dar o primeiro passo". Em razão disso, precisamos com urgência substituir de nossa vida a palavra "perfeição" por "progresso". A "perfeição" (se é que ela existe) será a consequência do progresso acumulado, e o progresso acumulado é uma ótima receita para você alcançar os seus objetivos.

~~Perfeição~~ **Progresso**

Claro, o primeiro passo em uma nova direção é muitas vezes desafiador, assusta mesmo. É como um astronauta no espaço: começar a se movimentar na gravidade é bem difícil, mas é aí que entra o poder do MVP. Uma vez em movimento, a inércia vai ajudá-lo a continuar na direção, assim como ela também ajuda a manter o estado de repouso. Você é quem decide qual é o papel da inércia na sua vida: auxiliar a ficar parado ou a progredir.

"O passo que você precisa dar não vai levá-lo aonde você quer chegar. Mas vai tirá-lo da onde precisa sair."

Hendel Favarin

OU VAI, OU VOA

Aqui apresento mais uma vez a fórmula sobre a qual falamos nas páginas anteriores, mas com um pequeno ajuste:

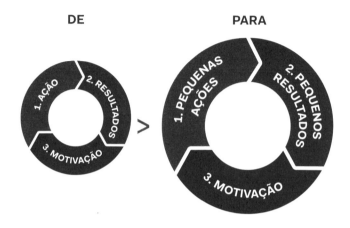

Eu realmente acredito em pequenos passos e em pequenas vitórias. Com o tempo, essa fórmula levará você a grandes conquistas, pois é tudo uma questão de progresso e de pequenos avanços. Quando vemos as coisas evoluírem, nos motivamos a seguir em frente. Então comece já com sua primeira pequena vitória e use esse ímpeto para trabalhar até a próxima vitória, e a próxima, e a próxima, e a próxima, incansavelmente, atingindo assim um avanço significativo que será sempre fruto dos pequenos avanços acumulados.

Para deixar bem nítido, citarei alguns exemplos do nosso cotidian m deseja ler um livro por mês, comece lendo duas páginas por dia, em vez de querer ler um capítulo por dia e nunca começar. Para quem quer se tornar um maratonista, comece andando dez minutos por dia. Para quem quer empreender abrindo uma hamburgueria, comece vendendo hambúrguer para os amigos, sob encomenda. Para quem quer aprender a tocar um novo instrumento, pegue um emprestado do amigo — não espere ter dinheiro para comprar um novo ou o melhor instrumento disponível no mercado. Conforme muito bem falou o rei Salomão: "Quem fica olhando o vento jamais semeará, quem fica olhando as nuvens jamais ceifará".[77] Por isso e por fim, comece. Comece já. Não importa o projeto que for.

O grande segredo é não ficar à espera, mas sim dar o primeiro passo no terreno e continuar se mantendo sempre em movimento. Pense em qual seria o mínimo progresso viável daquele seu projeto que está parado e inicie agora! Pise, enfim, no terreno.

É o famoso e marcante slogan da Nike — *Just do it* —, "apenas faça", em português. Você não tem de ser grande para começar, mas precisa começar para ser grande.

4. O medo da falha

Em 2017, tive a oportunidade de conhecer a matriz do Facebook no Vale do Silício. Sobre essa experiência, adivinha o que mais me marcou? Acredite se quiser: o que mais me marcou foi a placa de entrada. Não pelo tamanho ou pelo famoso logo do Facebook estampado naquela placa na rua, mas sim pela história por trás dela, literalmente. Ali havia outro logo, de uma antiga empresa de tecnologia, a Sun Microsystems. Descobri então que a matriz do Facebook já havia sido a antiga sede da Sun. E o mais impressionante é que o Mark Zuckerberg não quis retirar a placa quando adquiriu o imóvel e fez questão de mantê-la, mas virada para o prédio, e não para a rua, a fim de lembrar os funcionários diariamente sobre a importância de inovar e o que acontece com empresas que não inovam.

E o que a inovação tem a ver com o medo da falha — a última mina terrestre que pode atrapalhar qualquer pessoa a deixar de lado o mapa e pisar no terreno? Tudo. Só é possível ser uma pessoa (ou empresa) que inova caso esteja disposto a experimentar e, consequentemente, a falhar. Só inova, avança, evolui ou cresce na vida quem está disposto a agir, a pisar no terreno sem ter medo do novo. Tais atitudes só são possíveis se você estiver aberto ao erro. Enquanto tiver aversão a errar, não haverá experimentação na vida, na carreira ou na empresa. Você ficará estagnado.

Em suma, você jamais pisará no terreno se esperar o momento "perfeito". Sim, a ação é edificante; a perfeição, paralisante. E a loucura disso tudo é que você só vai ser "perfeito" em alguma coisa caso pise no terreno. Não só os resultados, mas a excelência também mora no terreno: ali você vai errar, aprender, testar, experimentar, progredir, para quem sabe um dia atingir um nível de "perfeição", ou melhor, de excelência.

Infelizmente, é raro aprender isso dentro das empresas — local onde grande parte das nossas habilidades e visão são forjadas. Não faz parte da cultura de muitas delas incentivar a experimentação e o erro. Fato é que, enquanto líderes punem os erros dos times que lideram, não haverá inovação. Não adianta colocar inovação na parede ou nos valores da empresa, mas na prática não tolerar o erro. E, é evidente, aqui não estou falando de qualquer erro, como aqueles de desinteresse ou de desatenção. Estou falando do erro do novo, da experimentação, de quem age e não tem medo de pisar no terreno. Estou falando do erro que é prerrequisito básico para profissionais e empresas que anseiam inovar — ou progredir.

"Quando líderes punem os erros dos times que lideram, não haverá inovação."

Hendel Favarin

OU VAI, OU VOA

Certa vez, tive uma conversa com um amigo e professor da Conquer — que também gravou um podcast no nosso canal —, o Luciano Santos. Na época, ele era diretor de vendas do Facebook, e tinha passado por gigantes da tecnologia como a Microsoft e o Uol. Ele levantou um problema, infelizmente, comum no mercado de trabalho: "Colocar o seu time em constante pressão pelo medo de errar só vai prejudicar o desempenho. Resultará em baixa produtividade, zero risco, pouca inovação e liderados que nunca irão fazer nada fora do roteiro com medo de isso ser um erro. E isso emburrece qualquer time. Afinal, erros são uma das maiores fontes de aprendizado da nossa vida".

A importância do erro no processo de aprendizado é tamanha que, segundo um relatório do The Next Web, em quinze anos de vida do Google, a empresa contabilizou 293 novos projetos, sendo que noventa deles foram considerados grandes fracassos. Isso equivale a 36% de fracassos em uma das empresas mais inovadoras da atualidade.[78] É um percentual bem alto e que evidencia a importância do erro. E você pode conhecer todos esses projetos fracassados ao buscar por "killedbygoogle" (assassinado pelo Google), que nada mais é do que um cemitério de ideias para mostrar quão importantes são as falhas para a construção da inovação.

Outro caso bem interessante, fruto de um grande erro, é o do YouTube. Os fundadores da maior plataforma de vídeos do mundo, Chad Hurley, Jawed Karim e Steve Chen, criaram em 2005, no Dia dos Namorados, um site de relacionamentos que se propunha a conectar pessoas amorosamente por meio de vídeos. O que eles não esperavam é que ninguém estava interessado em se expor tanto para isso (não naquela época, pelo menos). A sensação de fracasso foi tamanha que após cinco dias sem nenhum vídeo, o trio decidiu liberar para que o público pudesse postar qualquer vídeo que quisesse: "Dane-se o propósito de cupido, vamos ver o que acontece".

Ainda assim, o primeiro vídeo surgiu apenas dois meses depois e foi feito pelo próprio Chad, ao visitar uma jaula de elefantes e analisar a tromba dos animais — um vídeo bem sem graça com duração de dezoito segundos. Foi preciso mais alguns meses, a publicação de dezenove vídeos e dois garotos chineses dublando a música "I want it that way", do grupo Backstreet Boys, para que o YouTube ganhasse o mundo — sendo vendido para o Google aproximadamente um ano depois, em 2006, por uma pechincha de 1,65 bilhão de dólares.

Surpreendente, não é? Claro que não é fácil repetir uma história como essa. Não existe fórmula do sucesso. O ponto no qual quero que os seus olhos se fixem é que, se Chad Hurley, Jawed Karim e Steve Chen não tivessem deixado de lado o mapa e partido para o terreno, é possível o YouTube não existisse, pelo menos não como o conhecemos hoje. Esse é o ponto. É errando que se aprende, já dizia o ditado. A própria inteligência artificial, que é o assunto do momento e pela qual muitos têm tanto apreço, aprende com erros e variáveis inesperadas.

E repito: não estamos falando de erros evitáveis em operações previsíveis. Estamos falando dos erros que acontecem quando se tenta algo novo. Dos erros cujos responsáveis preferiram pisar no terreno em vez de se esconderem para sempre atrás de teorias bonitas. Esses são os erros que têm de ser valorizados.

Considerando tudo que falei, não tenha medo de encarar desafios e jamais deixe que o medo de errar o impeça de pisar no terreno. Aprenda com o erro e siga adiante. Afinal, quem sempre acerta está em um ciclo confortável de repetição — fazendo sempre as mesmas coisas. E caso não esteja disposto a experimentar e a correr riscos, levará uma vida monótona. Logo, cinco anos de experiência profissional significarão um ano repetido cinco vezes. Hoje em dia, esse tipo de experiência é inútil.

Pise no terreno

Pisar no terreno sempre, sempre, sempre será mais desconfortável do que focar no mapa. Quando você decide adentrar o desconhecido, o desconforto é uma certeza, mas também o aprendizado. Como consequência, o aprendizado também será uma certeza. Lembrando que apenas no plano do terreno os objetivos e sonhos podem ser materializados, então não negocie consigo mesmo a direção para onde os seus olhos vão mirar. Focar no terreno tem de ser inegociável. O 1) desconforto da ação, 2) a espera do milagre, 3) a procrastinação e 4) o medo de falha jamais poderão impedi-lo de agir.

De todo o meu coração, peço que pise no terreno. A dor da estagnação, acredite, é muito pior do que a dor do crescimento. Encare a dor do crescimento, pois ela permitirá a realização de tudo o que sempre sonhou para você, para sua carreira e para sua família.

BOX DO JOSEF

CINCO HACKS DE PRODUTIVIDADE E GESTÃO DO TEMPO

Agora que você entendeu o poder da ação, gostaria de compartilhar cinco hacks de produtividade e gestão do tempo que eu e o Hendel usamos no nosso dia a dia e que nos tornam muito mais rápidos, organizados e eficientes. Como já foi falado, estar ocupado não é necessariamente ser produtivo. Leve a sério estes cinco hacks e perceba a grande diferença no seu dia a dia. Vamos lá?

1. Planejamento semanal

Todo domingo à noite realizo o meu planejamento semanal. Dedico em média vinte minutos à atividade e nesse período organizo a semana que se inicia. Verifico a agenda, planejo tempo de deslocamento entre compromissos, entendo as prioridades dos próximos dias, confiro prazos de projetos, penso em horários para ir à academia, e por aí vai.

Assim, entro na semana de forma proativa e não reativa. Além disso, a revisão semanal me ajuda a antecipar e a me preparar para compromissos e tarefas importantes. Ao visualizar meus agendamentos de antemão, consigo ajustar e realocar recursos conforme necessário, garantindo que minhas prioridades estejam alinhadas aos meus objetivos de longo prazo.

Sua revisão semanal pode ser na sexta-feira à noite, no sábado, domingo ou na segunda-feira de manhã. O horário ao qual você se adaptar melhor.

2. Se puder fazer algo em até dois minutos, faça na hora

A *lei dos dois minutos* é uma dica de produtividade inteligente e eficaz, originada do método *getting things done* (GTD), de David Allen. A técnica é simples e sugere que, se uma tarefa pode ser concluída em até dois minutos, você deve fazê-la de imediato. Implementar essa prática pode transformar drasticamente a sua produtividade diária.

Imagine o seguinte: ao longo do dia, nos deparamos com pequenas tarefas, como responder a um e-mail rápido, organizar uma pilha de documentos ou até mesmo regar uma planta. Frequentemente, a tendência é adiar as atividades por parecerem insignificantes. No entanto, a *lei dos dois minutos* propõe uma abordagem diferente: em vez de postergar, encare as pequenas tarefas sem tardar.

Essa abordagem tem dois benefícios principais: primeiro, ela evita o acúmulo de tarefas menores, que, embora rápidas, podem se tornar uma montanha de afazeres pendentes. Segundo, completar essas tarefas de imediato pode gerar um sentimento de realização e o impulso que incentivará você a enfrentar desafios maiores e com mais confiança. É o ciclo virtuoso que o Hendel compartilhou:

Pode fazer algo em até dois minutos? Faça na hora!

Que tal aproveitar agora para fazer um post nas suas redes sociais e indicar este livro para os seus contatos? Leva menos que dois minutos! ☺

3. Tenha tempo reservado para o trabalho focado

Francesco Cirillo é um italiano que criou um método que pode ajudar você a focar mais: a *técnica pomodoro*. No que essa técnica consiste?

A ideia básica é que você foque por 25 minutos em apenas uma tarefa: checar e-mail, olhar o WhatsApp e ler a última postagem sobre política daquele seu amigo ranzinza são tarefas que não podem ser feitas durante esse período. São 25 minutos de olho no lance! Só respire e trabalhe. Após os 25 minutos, você tem cinco minutos de intervalo. Ler alguma coisa, pegar mais café, ver o feed ou passar o tempo de qualquer forma.

Quando esses cinco minutos acabarem, você volta o foco para a tarefa que estava executando ou inicia outra, caso tenha terminado a anterior.

É simples assim: 25 minutos de trabalho para 5 de intervalo.

Complete ao menos *quatro pomodoros* no seu dia e sinta os resultados. Depois, complete seis em outro dia, até chegar no máximo em oito.

4. Faça listas, não faça guerra

Criar listas é uma delícia, não é? Basta criá-las para você já ter uma sensação de que as tarefas estão sendo realizadas, e isso dá até felicidade. Então já sabe: quando estiver meio desanimado, pegue papel e caneta e taca-lhe lista. Tudo bem, nem tanto.

Falando sério, fazer listas traz alguns benefícios bem bacanas:

- Você prioriza.
- Contribui para o foco.
- Controla a ansiedade.
- Ajuda a se lembrar das coisas.
- Evidencia qual deve ser o próximo passo.

Só pelo primeiro benefício já valeria a pena fazermos listas, mas esse hábito ainda nos dá os outros quatro de bandeja.

Pode ser no computador, em um aplicativo ou no papel, não importa. Faça listas. Elas ajudam muito em produtividade e organização.

5. Pratique o biohacking

"Manter o nosso corpo em boa saúde é um dever; do contrário nunca teremos uma mente forte e clara", disse Buda.

Você já teve aquele dia no qual se sentiu ultraprodutivo? Que sua cabeça estava legal, as coisas renderam, você realizou bastante... Sabia que todo dia pode ser assim?

O biohacking sugere que você pode — e deve — "hackear" seu corpo a fim de otimizar sua energia diária, focando em três aspectos cruciais:

- Exercícios regulares.
- Alimentação balanceada.
- Repouso adequado.

Quanto ao exercício, estudos recentes revelaram que a atividade física estimula a produção de BDNF (*brain-derived neurotrophic factor*, fator neutrófico derivado do cérebro), uma proteína essencial para o desenvolvimento de novas células cerebrais e melhoria das conexões neuronais. Portanto, se exercitar não apenas beneficia o corpo, mas também potencializa a capacidade cerebral, impactando a produtividade de maneira positiva.[79]

A alimentação balanceada é igualmente importante. Uma dieta rica em nutrientes fornece ao corpo a energia e os materiais necessários para manter o funcionamento ideal das funções vitais, incluindo a atividade cerebral.

Por fim, o sono de qualidade permite que o corpo e a mente se recuperem do estresse diário, consolidem a aprendizagem e regulem funções essenciais, resultando em maior vigor e nitidez mental. A combinação dos três elementos — exercício, nutrição e descanso — é a chave para um biohacking eficiente e um desempenho otimizado.

Rumo a um horizonte de grandes voos

Bem, chegamos ao fim desta jornada. E que alegria encontrar você por aqui. Eu e o Josef investimos muito da nossa energia, do nosso tempo, das nossas madrugadas e fins de semana para construir com muita dedicação e carinho este livro que está em suas mãos.

E valeu a pena? Claro que valeu. Libertar as pessoas da síndrome de Tom & Jerry nos impulsiona. Poder fazer parte da sua rotina e conversar com você por meio deste livro sobre como é que se chega lá é algo que nos impulsiona. Poder fazer você sonhar grande de novo é algo que nos move. Enfim, ajudá-lo a ser uma pessoa e um profissional melhor é algo que nos move.

É justamente por esse motivo que entregamos a você sete princípios que, se vividos de forma intencional, podem fazê-lo transformar os seus resultados. E é essa a nossa missão com *Ou Vai, Ou Voa* e, acima de tudo, com a Conquer: revolucionar a educação para formar os profissionais que fazem a diferença no país.

7 princípios para guiar sua carreira

1

Salto baixo, peito aberto e ouvido atento.

2

Entenda tudo sobre pessoas – e sobre quem está do outro lado do espelho também.

3

A excelência é vizinha do propósito.

4

É preciso ter coragem para tomar decisões difíceis – e uma metodologia também.

5

Nenhum jogador é tão bom quanto todos juntos.

6

Nada substitui o GPS (Garra, Perseverança e Suor).

7

Deixe o mapa de lado e foque no terreno.

"Seja impaciente com suas ações. E seja paciente com seus resultados."

Hendel Favarin e Josef Rubin

OU VAI, OU VOA

Agora, se eu pudesse dar um último conselho para você, seria aquele que mais dou aos meus amigos, aos meus liderados, enfim, a qualquer pessoa que me pede justamente um conselho: "Seja impaciente com suas ações. E seja paciente com seus resultados".

Infelizmente, vejo muitas pessoas ansiosas e impacientes com o resultado, mas quando se trata de suas ações, são muito lentas. Querem uma grande oportunidade no trabalho, mas entregam o mínimo necessário; querem mudanças na vida, mas não querem mudar como pessoa. Fazem pouco, mas querem muito, ou quando fazem, pouco perseveram e ficam pelo caminho. Sim, elas até têm iniciativa, mas não concluem e terminam sempre no caminho mais fácil, que é o de jogar a toalha quando a jornada fica difícil.

Caro leitor, cara leitora: você não tem de ser grande para começar, mas precisa começar e continuar para ser grande. Você precisa lembrar que o primeiro passo não vai colocá-lo aonde quer chegar, mas vai tirá-lo de onde precisa sair.

Quero lembrar também que o sucesso leva anos, e é por essa razão que tudo conta: todo passo, toda falha, toda pequena vitória. Tudo importa. É o que você faz no escuro que o colocará na luz.

Por fim, eu e o Josef desejamos do fundo do coração que, assim como nossos alunos falam a respeito da Conquer, este livro e estes sete princípios vividos intensamente sejam um divisor de águas na sua carreira. E que, a partir de agora, você só tenha uma opção de caminho: um horizonte de grandes voos.

Hendel Favarin e Josef Rubin
@hendelfavarin | @josefrrubin | @escolaconquer

Notas

1 HECHT, Evan. What years were Gen X born? Detailed breakdown of the age range for each generation. *USA Today*. Disponível em: <https://www.usatoday.com/story/news/2022/09/02/what-years-gen-x-millennials-baby-boomers-gen-z/10303085002/>. Acesso em: 2 fev. 2024.

2 ESCASSEZ de talentos no Brasil e no mundo: quem detém o talento, detém o futuro. *ManpowerGroup*. 2022. Disponível em: <https://blog.manpowergroup.com.br/escassez-de-talentos-no-brasil-e-no-mundo-quem-detem-o-talento-detem-o-futuro>. Acesso em: 12 jan. 2024.

3 REDAÇÃO MUNDO RH. Nove em cada dez profissionais são contratados pelo perfil técnico. *Mundo RH*. 19 set. 2018. Disponível em: <https://www.mundorh.com.br/nove-em-cada-dez-profissionais-sao-contratados-pelo-perfil-tecnico/>. Acesso em: 21 jan. 2024.

4 THE 10 SKILLS you need to thrive in the fourth industrial revolution. *World Economic Forum*. 19 jan. 2016. Disponível em: <https://www.weforum.org/agenda/2016/01/the-10-skills-you-need-to-thrive-in-the-fourth-industrial-revolution/>. Acesso em: 21 jan. 2024.

5 20th CEO Survey. *PwC*. 2017. Disponível em: <https://www.pwc.com/gx/en/ceo-survey/2017/pwc-ceo-20th-survey-report-2017.pdf>. Acesso em: 21 jan. 2024.

6 GISERMAN, Guilherme et al. Investindo no futuro da educação. *Expert XP*. Disponível em: <https://conteudos.xpi.com.br/internacional/relatorios/investindo-no-futuro-da-educacao/>. Acesso em: 21 jan. 2024.

7 MATTOS, Tiago. *Vai lá e faz*. Rio Grande do Sul: Belas-Letras, 2017.

8 DELL TECHNOLOGIES. *Realizing 2030: A Divided Vision of the Future*. Disponível em: <https://www.delltechnologies.com/content/dam/delltechnologies/assets/perspectives/2030/pdf/Realizing-2030-A-Divided-Vision-of-the-Future-Summary.pdf>. Acesso em: 29 jan. 2024.

9 MCKINSEY GLOBAL INSTITUTE. Jobs lost, jobs gained. What the future of work will mean for jobs, skills, and ages. *Report*. 28 nov. 2017. Disponível em: <https://www.mckinsey.com/featured-insights/future-

of-work/jobs-lost-jobs-gained-what-the-future-of-work-will-mean-for-jobs-skills-and-wages>. Acesso em: 21 jan. 2024.

10 FOUNDATION for Young Australians (FYA). *The New Work Order: Ensuring young Australians have skills and experience for the jobs of the future, not the past.* 2017. Disponível em: <http://www.fya.org.au/wp-content/uploads/2015/08/fya-future-of-work-report-final-lr.pdf>. Acesso em: 10 nov. 2023.

11 PRÊMIO IGNOBEL. WIKIPÉDIA, a enciclopédia livre. Disponível em: <https://pt.wikipedia.org/w/index.php?title=Pr%C3%AAmio_IgNobel&oldid=66199663>. Acesso em: 21 jan. 2024.

12 RUSSELL, Bertrand. *Casamento e moral*. São Paulo: Editora Unesp, 2015.

13 DARWIN, Charles. *A origem do homem*. São Paulo: Martin Claret, 2014.

14 SCHLÖSSER, Thomas et al. How Unaware Are the Unskilled? Empirical Tests of the "Signal Extraction" Counterexplanation for the Dunning-Kruger Effect in Self-Evaluation of Performance. *Science Direct*. Disponível em: <https://www.sciencedirect.com/science/article/abs/pii/S0167487013000949>. Acesso em: 21 jan. 2024.

15 HANCOCK, Jaime Rubio. O efeito Dunning-Kruger: Por que as pessoas falam sem ter conhecimento. *El País*. 30 nov. 2017. Disponível em: <https://brasil.elpais.com/brasil/2017/11/29/economia/1511971499_225840.html>. Acesso em: 21 jan. 2024.

16 BÍBLIA. Provérbios 11:2. *Bíblia de Jerusalém*. Disponível em: <https://liturgiadashoras.online/biblia/biblia-jerusalem/proverbiorum/11-2/>. Acesso em: 25 jan. 2024.

17 COLLINS, Jim. *Empresas feitas para vencer*. Rio de Janeiro: Alta Books, 2018.

18 COLLINS, Jim. *Good to Great*: Why Some Companies Make the Leap and Others Don't. Nova York: Harper Business, 2001.

19 JOBS, Steve. Steve Jobs' 2005 Stanford Commencement Address (with intro by President John Hennessy). YouTube, 14 maio 2008. Disponível em: <https://www.youtube.com/watch?v=Hd_ptbiPoXM>. Acesso em: 26 jan. 2024.

20 BUFFETT, Warren. Invest In Yourself — Warren Buffett Motivational Video | Warren Buffett Speech | Simplilearn. Youtube, 4 jan. 2021. Disponível em: <https://www.youtube.com/watch?v=EqUEAk7R9FA>. Acesso em: 29 jan. 2024.

21 COVID-19 leva 61% dos gestores a querer transformar a forma de trabalhar das empresas que lideram. *Deloitte*. 15 dez. 2020. Disponível em: <https://www2.deloitte.com/pt/pt/pages/about-deloitte/

articles/2021-global-human-capital-trends-press-release.html>. Acesso em: 30 jan. 2024.

22 KNIGHT, May; WONG, Natalie. *The organisational X-factor: learing agility.* Disponível em: <https://focus.kornferry.com/the-organisational-x-factor-learning-agility/>. Acesso em: 30 jan. 2024.

23 FUTURO do trabalho: 23% das profissões devem se modificar até 2027. *Forbes*, 1 maio 2023. Disponível em: <https://forbes.com.br/carreira/2023/05/futuro-do-trabalho-23-das-profissoes-devem-se-modificar-ate-2027/>. Acesso em: 30 jan. 2024.

24 REALIZING 2030: a divided vision of the future. *Dell Technologies.* Disponível em: <https://www.delltechnologies.com/content/dam/delltechnologies/assets/perspectives/2030/pdf/Realizing-2030-A-Divided-Vision-of-the-Future-Summary.pdf>. Acesso em: 21 jan. 2024.

25 ZAHIDI, Saadia. We need a global reskilling revolution — here's why. *World Economic Forum*, 22 jan. 2020. Disponível em: <https://www.weforum.org/agenda/2020/01/reskilling-revolution-jobs-future-skills/>. Acesso em: 30 jan. 2024.

26 PREPARING tomorrow's workforce for the fourth industrial revolution. *Deloitte*, 2018. Disponível em: <https://www2.deloitte.com/content/dam/Deloitte/br/Documents/technology-media-telecommunications/preparing-tomorrow-workforce-for-4IR_C.pdf>. Acesso em: 21 jan. 2024.

27 SINEK, Simon. "100% of Customers Are People. 100% of Employees Are People. If you don't Understand People, You Don't Understand Business". *Tuíte.* Disponível em: <https://twitter.com/simonsinek/status/5232157344>. Acesso em: 29 jan. 2024.

28 LINKEDIN Talent Solutions. 2019 Global Talent Trends. *LinkedIn,* 2019. Disponível em: <https://business.linkedin.com/content/dam/me/business/en-us/talent-solutions/resources/pdfs/global_talent_trends_2019_emea.pdf>. Acesso em: 21 jan. 2024.

29 HOROWITZ, Ben. *O lado difícil das situações difíceis:* Como construir um negócio quando não existem respostas prontas. São Paulo: WMF Martins Fontes, 2015.

30 HARTER, Jim; BECK, Randall J. Why Great Managers Are So Rare. *Gallup.* Disponível em: <https://www.gallup.com/workplace/231593/why-great-managers-rare.aspx>. Acesso em: 21 jan. 2024.

31 BAUMGARTNER, Natalie. "Build a Culture That Aligns with People's Values". *Harvard Business Review*. Disponível em: <https://hbr.org/2020/04/build-a-culture-that-aligns-with-peoples-values>. Acesso em: 5 mar. 2024.

32 PITONYAK, John; DESIMONE, Rob. "How to Engage Frontline Managers". Gallup. Disponível em: <https://bit.ly/49TfUEl>. Acesso em: 5 mar. 2024.

33 THE Benefits of Employee Engagement. *Gallup*, atualizado em 7 jan. 2023. Disponível em: <https://www.gallup.com/workplace/236927/employee-engagement-drives-growth.aspx>. Acesso em: 21 jan. 2024.

34 WHAT is emotional intelligence? *Talent Smart EQ*. Disponível em: <https://www.talentsmart.com/about/emotional-intelligence.php>. Acesso em: 21 jan. 2024.

35 71% PERCENT of employers say they value emotional intelligence over iq, according to CareerBuilder survey. *Career Builder*,. 18 ago. 2011. Disponível em: <http://press.careerbuilder.com/2011-08-18-Seventy-One-Percent-of-Employers-Say-They-Value-Emotional-Intelligence-Over-IQ-According-to-CareerBuilder-Survey>. Acesso em: 21 jan. 2024.

36 MUNDORH. *Nove em cada dez profissionais são contratados pelo perfil técnico*. 19 set. 2018. Disponível em: <https://www.mundorh.com.br/nove-em-cada-dez-profissionais-sao-contratados-pelo-perfil-tecnico/>. Acesso em: 21 jan. 2024.

37 GOLEMAN, Daniel. *Inteligência emocional*. São Paulo: Objetiva, 1996.

38 INFOMONEY. *Warren Buffett: conheça a trajetória e as lições do maior investidor de todos os tempos*. Disponível em: <https://www.infomoney.com.br/perfil/warren-buffett/>. Acesso em: 21 jan. 2024.

39 CORTELLA, Mario Sergio. *Mario Sergio Cortella — Qual é o seu propósito?* YouTube, 27 maio 2021. Disponível em: <https://www.youtube.com/watch?v=8M_76P8KlpM>. Acesso em: 30 jan. 2024

40 PINK, Daniel H. *Motivação 3.0 — Drive: A surpreendente verdade sobre o que realmente nos motiva*. São Paulo: Sextante, 2019.

41 SIBINELLI, Patrícia C. Cucchiarato. Qual a relação entre propósito e estratégia para o sucesso de uma empresa. *Glicfàs*. Disponível em: <https://www.glicfas.com.br/qual-a-relacao-entre-proposito-e-estrategia-para-o-sucesso-de-uma-empresa/>. Acesso em: 21 jan. 2024.

42 FISCHMAN, Rafael. Transcrição completa do maravilhoso discurso de Steve Jobs na Univeridade de Stanford, em 2005. *MacMagazine*, 12 dez. 2008. Disponível em: <https://macmagazine.uol.com.br/post/2008/12/12/transcricao-completa-do-maravilhoso-discurso-de-steve-jobs-na-universidade-de-stanford-em-2005/>. Acesso em: 21 jan. 2024.

43 TALEB, Nassim Nicholas. *Fooled by Randomness: The Hidden Role of Chance in Life and in the Markets: 1*. Nova York: Random House Trade, 2005.

44 EMPLOYEE Regret After the Great Resignation. *Paychex,* 16 jan. 2023. Disponível em: <https://www.paychex.com/articles/human-resources/exploring-the-great-regret>. Acesso em: 30 jan. 2024.

45 BÍBLIA. *Eclesiastes 11, 4.* Disponível em: <https://www.bibliaonline.com.br/vc/ec/11> Acesso em: 28 jan. 2024.

46 HOOMANS, Joel. *35,000 decisions: the great choice of strategic leaders. Leading edge,* 20 mar. 2015. Disponível em: <https://go.roberts.edu/leadingedge/the-great-choices-of-strategic-leaders>. Acesso em: 21 jan. 2024.

47 TANK, Autekin. *Make up your mind: how risk aversion is holding you back.* Medium, 4 abr. 2019. Disponível em: <https://medium.com/swlh/make-up-your-mind-how-risk-aversion-is-holding-you-back-e103f02409f9>. Acesso em: 21 jan. 2024.

48 PRINCÍPIO de Pareto. Wikipédia, a enciclopédia livre. Disponível em: <https://pt.wikipedia.org/w/index.php?title=Princ%C3%ADpio_de_Pareto&oldid=66796530>. Acesso em: 21 jan. 2024.

49 RULES of the Garage. Wikipédia, a enciclopédia livre. Disponível em: <https://en.wikipedia.org/wiki/Rules_of_the_garage#cite_note-wired-1>. Acesso em: 21 jan. 2024.

50 RULES of the garage. *HP Alumni*, 31 ago. 2022. Disponível em: <https://www.hpalumni.org/RulesOfTheGarage>. Acesso em: 21 jan. 2024.

51 LORENZO, Rocio et al. *How diverse teams boost innovation.* BCG, 23 jan. 2018. Disponível em: <https://www.bcg.com/en-us/publications/2018/how-diverse-leadership-teams-boost-innovation>. Acesso em: 21 jan. 2024.

52 BERSIN, Josh. *Why diversity and inclusion has become a business priority.* Josh Bersin, 16 mar. 2019. Disponível em: <http://joshbersin.com/2015/12/why-diversity-and-inclusion-will-be-a-top-priorityfor-2016/>. Acesso em: 21 jan. 2024.

53 RIGBY, Darrell; ELK, Sarah; BEREZ, Steve. The Agile C-Suite. *Harvard Business Review*, jun. 2020. Disponível em: <https://hbr.org/2020/05/theagile-c-suite>. Acesso em: 26 jan. 2024.

54 COHEN, Arianne. Harvard researchers studied 9 million people to discover the surprising secret to career success. *Fast Company,* 15 jan. 2020. Disponível em: <https://www.fastcompany.com/90452348/harvard-researchers-studied-9-million-people-to-discover-the-surprising-secret-to-career-success>. Acesso em: 21 jan. 2024.

55 DIVERSITY drives better decisions. People Management. Disponível em: <https://www.peoplemanagement.co.uk/experts/research/diversity-drives-better-decisions>. Acesso em: 21 jan. 2024.

56 McGONIGAL, Kelly. *The willpower instinct: how self-control works, why it matters, and what you can do to get more of It.* Nova York: Avery, 2013, p. 288.

57 ZAJONC, R. B., et al. *Convergence in the physical appearance of spouses.* University of Michigan. Motivation and Emotion, v. 11, n. 4, 1987, pp. 335-346. Disponível em: <https://deepblue.lib.umich.edu/bitstream/handle/2027.42/45361/11031_2004_Article_BF00992848.pdf>. Acesso em: 21 jan. 2024.

58 TEIXEIRA, Hélio. *O que é teoria dos neurônios-espelhos?* Hélio Teixeira, 21 nov. 2015. Disponível em: <http://www.helioteixeira.org/gramatica-da-colaboracao/o-que-e-teoria-dos-neuronios-espelhos>. Acesso em: 21 jan. 2024.

59 POPAMARONIS, Tom. *Warren Buffett Says This Is "the Ultimate Test of How You Have Lived Your Life" — and Bill Gates Agrees.* CNBC, 3 set. 2019. Disponível em: <https://www.cnbc.com/2019/09/01/billionaires-warrenbuffett-bill-gates-agree-this-is-the-ultimate-test-o f-how-you-have-lived-your-life.html>. Acesso em: 21 jan. 2024.

60 REYNARD, Gabriel. *15 lições de vida para aprender com Jack Ma, fundador do Aliexpress.* Medium, 31 maio 2016. Disponível em: <https://medium.com/gabriel-reynard/15-li%C3%A7%C3%B5es-de-vida para aprender com jack-ma-fundador-do-aliexpress-e5693d20e116>. Acesso em: 21 jan. 2024.

61 NIKKEI Asian Review. Alibaba se torna a empresa asiática mais valiosa. *Valor Econômico*, 26 dez. 2019. Disponível em: <https://valor.globo.com/empresas/noticia/2019/12/26/alibaba-se-torna-a-empresa-asiaticamais-valiosa.ghtml>. Acesso em: 21 jan. 2024.

62 DUCKWORTH, Angela Lee. *Angela Lee Duckworth: A chave para o sucesso? A determinação.* YouTube, 9 maio 2013. Disponível em: <https://www.youtube.com/watch?v=H14bBuluwB8>. Acesso em: 29 jan. 2024.

63 EX-JOGADOR da Seleção Brasileira revela fórmula do sucesso. *Conquer Blog.* Disponível em: <https://blog.escolaconquer.com.br/ex-jogador-da-selecao-brasileira-revela-formula-do-sucesso/>. Acesso em: 2 fev. 2024.

64 DUCKWORTH, Angela Lee. *Garra: O poder da paixão e da perseverança.* Rio de Janeiro: Intrínseca, 2016.

65 DWECK, Carol S. *Mindset: A nova psicologia do sucesso.* São Paulo: Objetiva, 2007.

66 PIRES, Fabiana. *8 histórias que provam: o sucesso vem com derrotas.* Época Negócios, 24 jun. 2013. Disponível em: <https://epocanegocios.

globo.com/Inspiracao/Carreira/noticia/2013/06/nove-historias-que-provam-o-sucesso-vem-com-sacrificios.html>. Acesso em: 21 jan. 2024.

67   18 FAMOSOS que fracassaram antes de se tornarem bem-sucedidos. *Época Negócios*, 16 nov. 2016. Disponível em: <https://epocanegocios. globo.com/Carreira/noticia/2016/11/18-famosos-que-fracassaram-antes-de-se-tornarem-bem-sucedidos.html>. Acesso em: 21 jan. 2024.

68   AUGUSTO, Flávio. O que vc sempre quis saber, mas não teve coragem de perguntar. Sem data. Instagram: @geracaodevalor. Disponível em: <www.instagram.com/geracaodevalor>. Acesso em: 18 jan. 2024.

69   OVÍDIO. *A arte de amar*. São Paulo: L&PM, 2001, p. 94.

70   GUERRA, Gilberto. Opinião BG: o que você sabe sobre Analysis Paralysis? *Tábula Quadrada*, 2 ago. 2018. Disponível em: <http:// tabulaquadrada.com.br/opiniao-bg-o-que-voce-sabe-sobre-analysis-paralysis/#:~:text=Analysis>. Acesso em: 21 jan. 2024.

71   ALLEN, David. *A arte de fazer acontecer: O método GTD — Getting Things Done: Estratégias para aumentar a produtividade e reduzir o estresse.* São Paulo: Sextante, 2015.

72   PSYCHOLOGY of procrastination: Why people put off important tasks until the last minute. American Psychological Association. Disponível em: <https://www.apa.org/news/press/releases/2010/04/ procrastination>. Acesso em: 5 mar. 2024.

73   SALZGEBER, Jonas. *O pequeno manual estoico*. São Paulo: DarkSide Books, 2021.

74   STEINHORST, Curt. *"How Multitasking Erodes Productivity And Dings Your IQ"*. Disponível em: <https://www.forbes.com/sites/ curtsteinhorst/2020/02/20/how-multitasking-erodes-productivity-and-dings-your-iq/?sh=580af0033b7e>. Acesso em: 30 jan. 2024.

75   McKEOWN, Greg. *Essencialismo: A disciplinada busca por menos.* Rio de Janeiro: Sextante, 2015, p. 272.

76   GLADWELL, Malcolm. *Fora de série: Outliers.* Rio de Janeiro: Sextante, 2011, p. 288.

77   BÍBLIA. *Eclesiastes 11, 4*. Disponível em: <https://www.bibliaonline. com.br/vc/ec/11>. Acesso em 28 jan. 2024.

78   WEBER, Harrison. "Google Fails 36% Of The Time". Disponível em: <https://thenextweb.com/news/google-fails>. Acesso em: 29 jan. 2024.

79   RAMOS, Jorge Marcos; GALDEANO, Denival Soares. *Educação física e o fator neurotrófico derivado do cérebro (bdnf) na aprendizagem escolar: estudo de revisão sistemática.* Conexões: Campinas, v. 17, e019005, 2019.

Fontes **Action Condensed, Fakt e Tiempos**
Papel **Alta Alvura 90 g/m²**
Impressão **Imprensa da Fé**